LegalArt Guide

Praktikum in der
internationalen Großkanzlei

Ein Leitfaden für Praktikanten in einer Großkanzlei
und solchen die es werden wollen.

Über den Autor

Dr. Hans-Georg Schulze ist Rechtsanwalt und seit über 10 Jahren in diversen internationalen Großkanzleien und Standorten tätig. In dieser Zeit konnte er viel Erfahrung mit der Ausbildung von Praktikanten und Referendaren sammeln. Er ist schwerpunktmäßig im Bereich Corporate/M&A tätig und berät Unternehmen in regulierten Industrien.

LegalArt Guide

Praktikum in der internationalen Großkanzlei

Ein Leitfaden für Praktikanten in einer Großkanzlei und solchen die es werden wollen.

Dr. Hans-Georg Schulze

Dr. Hans-Georg Schulze
LegalArt Guide – Praktikum in der internationalen Großkanzlei – Ein Leitfaden für Praktikanten in einer Großkanzlei und solchen die es werden wollen.

ISBN-13 978-1512150346
ISBN-10 1512150347

Verleger:
Dr. Hans-Georg Schulze
Hilde-Ephraim-Str. 21
14193 Berlin

Druck:
CreateSpace, ein Unternehmen von Amazon.com

Coverbilder von Dr. Hans-Georg Schulze
Text von Dr. Hans-Georg Schulze
2015 Alle Rechte vorbehalten.

Inhaltsverzeichnis

1 – Vorwort

Es gibt sehr viele Ratgeber zu Praktika, die entweder zu allgemein gehalten sind oder von Praktikanten selbst verfasst wurden. Die Lektüre eines allgemeinen Ratgebers können Sie sich sparen, die Kanzleiwelt ist einfach zu verschieden von der Arbeit in Unternehmen oder in Behörden. Sie folgt einem ganz eigenen Rhythmus. Ratgeber von Praktikanten können Ihnen einen guten ersten Eindruck von der Kanzleiwelt verschaffen. Oft sind Sie nach der Lektüre aber auch nicht schlauer, weil der Praktikumsbericht nur eine sehr spezielle Abteilung innerhalb der Kanzlei betrifft und Ihnen niemand garantiert, dass die Ratschläge des Praktikanten tatsächlich gut in der Praxis ankamen. Viele Praktikanten verklären Ihre Erfahrung und stellen angebliche Regeln vor, die es gar nicht gibt, und lassen wichtige Aspekte aus, weil Sie niemand darauf hingewiesen hat.

Dieser Ratgeber beleuchtet das Praktikum in einer Großkanzlei aus einer anderen Perspektive und zwar der des Arbeitgebers und des Ausbilders. Ich habe mehr als 11 Jahre in vier verschieden internationalen Großkanzleien und dort wiederum in verschiedenen Abteilungen, wechselnden Standorten und mit sehr unterschiedlichen Partnern zusammengearbeitet. Jedes Mal hatte ich auch die Gelegenheit Praktikanten und Referendare zu betreuen. Dieses Buch gibt meine Erfahrungen mit diesen Praktikanten wieder. Es weist Sie auf typisches Fehlerverhalten hin, das ich leider immer wieder bei Praktikanten beobachten musste und gibt Tipps dazu, welches Verhalten bei Ihrem Ausbilder gut ankommen sollte.

Für Fragen, die Ihnen dieser Ratgeber, nicht beantwortet, erreichen Sie mich per E-Mail. Ich freue mich aber auch über Anregungen und Ergänzungsvorschläge zu diesem Buch.

11. Mai 2015

Ihr Dr. Hans-Georg Schulze

E-Mail: mail@legalart.de

2 – Was ist eine Großkanzlei?

Wenn Sie sich für ein Praktikum in einer Großkanzlei interessieren, haben Sie sich mit dieser Frage vermutlich schon auseinandergesetzt. Eine große Wirtschaftskanzlei zeichnet sich in der Regel dadurch aus, dass sie eine große Anzahl von Rechtsanwälten in Deutschland oder gar weltweit beschäftigt. Eine Großkanzlei unterscheidet sich insofern kaum von einem großen Unternehmen. Es gibt ein Office Management, ein Marketingteam, eine HR Abteilung, eine Buchhaltung und weiteres Back Office Personal. Das von der Großkanzlei hergestellte und verkaufte Produkt ist nur kein Gegenstand, sondern eine Dienstleistung, nämlich die Rechtsberatung.

Viele Großkanzleien bezeichnen sich zudem als "international". Das bedeutet nicht zwingend, dass eine Großkanzlei auch ausländische Büros unterhält. Einige Kanzleien drücken so aus, dass sie auch ausländische Mandanten in Deutschland oder deutsche Mandanten im Ausland zum deutschen Recht beraten. Großkanzleien, die fast ausschließlich deutsche Büros unterhalten, kompensieren die fehlenden eigenen Büros im Ausland oft durch Kooperationen mit ausländischen Großkanzleien, die in der Regel ebenfalls vorrangig national in ihrer Jurisdiktion aufgestellt sind. Ob eine Kanzlei selbst Büros im Ausland unterhält oder eine Kooperation mit anderen ausländischen Kanzleien pflegt, sagt in der Regel wenig darüber aus, wie international der Partner arbeitet, für dessen Bereich Sie sich bewerben. Beide Systeme lassen eine enge Zusammenarbeit mit den ausländischen Kollegen zu und haben ihre Vor- und Nachteile. Es liegt vielmehr am Geschäftsbereich des Partners, ob es viel oder wenig Geschäft mit ausländischen Mandanten gibt. Manche Geschäftsbereiche, wie etwa das Arbeitsrecht oder das öffentliche Recht, haben in der Regel etwas weniger (direkten) Kontakt zu ausländischen Mandanten, als es in der Transaktionspraxis der Fall ist. Wenn Ihnen der internationale Aspekt der Arbeit wichtig ist, nutzen Sie das Bewerbungsgespräch um zu fragen, ob eine enge Zusammenarbeit mit ausländischen Kollegen gepflegt wird und wie diese im Arbeitsalltag konkret aussieht. Sie zeigen so ihr Interesse an der Kanzlei und zeigen gleichzeitig, dass ihnen die verschiedenen Kanzleistrukturen nicht fremd sind.

Anhang A am Ende dieses Buches enthält eine Übersicht der größten und bekanntesten Kanzleien in Deutschland. Viele dieser Kanzleien bieten Praktika im Frühjahr oder im Sommer an. Umso größer die Kanzlei ist, umso besser ist die Standortauswahl und die Anzahl der zu vergebenen Praktikumsplätze.

3 – Bewerbung

3.1 – Wo sollte ich mich bewerben?

Die Suche nach einem Praktikumsplatz beginnt meist mit der Wahl des Standortes (siehe Anhang A am Ende dieses Buches). Sollten Sie keine Präferenz haben, werden Sie in Frankfurt am Main sicher fündig. Fast alle Großkanzleien unterhalten in Frankfurt ihr größtes deutsches Büro. Ist die Wahl des Standortes getroffen, sollten Sie sich informieren, welche Kanzleien vor Ort vertreten sind. Das Webportal Juve erleichtert diese Suche. Über www.juve.de haben Sie unter dem Menüpunkt "Rankings & Analysen" und dort "Juve Handbuch (Deutschland)" die Möglichkeit, sich über die Navigationsleiste auf der rechten Seite und dort den Punkt "Regionen" alle an einem bestimmten Standort vertretenen Kanzleien anzuzeigen. Darüber hinaus enthalten die Angaben zu den Kanzleien eine Beschreibung der Tätigkeitsbereiche der Anwälte am jeweiligen Standort und weisen die Anzahl der Berufsträger aus. Als Bewerber sollten Sie sich insbesondere vergewissern, dass der Rechtsbereich für den Sie sich interessieren, auch an dem Standort praktiziert wird. Nicht selten erhielt ich Bewerbungen von Praktikanten für einen speziellen Standort und einen speziellen Rechtsbereich, der an dem genannten Standort nicht angeboten wurde.

Einen echten Mehrwert stellen Praktikantenprogramme dar, wie sie etwa von Gleiss Lutz angeboten werden. Neben der Arbeit in der Kanzlei werden hier wöchentliche Fortbildungskurse durchgeführt, englische Rechtsprachkurse angeboten und teilweise auch mit einem Ausflug zu einem anderen Standort verbunden. Einige Praktikantenprogramme bieten zusätzlich ein "Unterhaltungsprogramm" an, was Praktikanten erlaubt, die Rechtsanwälte aus dem eigenen Bereich, aber auch aus anderen Rechtsbereichen, in lockerer Atmosphäre besser kennenzulernen und mehr über die Arbeit in der Großkanzlei zu erfahren. Die Bewerbungen für solche Programme halten die Großkanzleien regelmäßig sehr restriktiv, weil sie mit erheblich mehr Kosten verbunden sind, als wenn Sie ein normales Praktikum in der Kanzlei ableisten (siehe Kapital 3.2 unten).

Meine grundsätzliche Empfehlung lautet daher, sich zunächst über die Kanzleien vor Ort zu informieren, bevor Sie sich bewerben. Durch den Blick auf die Webseite von Juve und den Internetauftritt der Kanzleien lassen sich die wesentlichen Informationen vorab recherchieren. Sie vermeiden so, dass ihre Bewerbung von Anfang an aus formellen Gründen aussortiert wird.

3.2 – Praktikantenprogramme

Praktikanten sind ein schwieriges Thema für Großkanzleien. Ein Praktikum bietet für Großkanzleien zum einen die Möglichkeit Jurastudenten frühzeitig an die Kanzlei zu binden und sie für die Arbeit in der Großkanzlei zu begeistern. Andererseits verlangt ein Praktikant einen hohen finanziellen und zeitlichen Einsatz von der Großkanzlei wie auch den ausbildenden Rechtsanwälten. Der finanzielle Einsatz ist dabei nicht der vergleichsweise geringe monatliche Lohn, der Ihnen von der Kanzlei gezahlt wird. Ihr Ausbilder wird vielmehr recht viel Zeit damit verbringen, Ihnen Sachverhalte und rechtliche Hintergründe zu erklären. Das ist Zeit, welche die Großkanzlei dem Mandanten nicht in Rechnung stellen kann. Selbst wenn sich Ihr Ausbilder nur eine Stunde Zeit für Sie pro Tag nimmt, anstatt an einem Mandat zu arbeiten, investiert die Kanzlei in Ihre Ausbildung durchschnittlich 2.000 € pro Woche bzw. 8.000 bis 10.000 € pro Monat. Einige Kanzleien bieten deshalb und aus weiteren guten Gründen keine Praktika mehr an. Seien Sie daher nicht enttäuscht, wenn Sie auf Ihre schriftliche Bewerbung eine allgemeine Absage erhalten und bewerben Sie sich bei weiteren Kanzleien.

Ein Praktikantenprogramm stellt einen Mittelweg für Großkanzleien dar, weil es die Anzahl der Praktikantenplätze zum einen zahlenmäßig beschränkt und zum anderen einen festen Termin festschreibt. Das macht den finanziellen Aufwand der Kanzlei überschaubarer. Für Praktikanten hat dies ebenfalls Vorteile. Zunächst haben sich die Teilnehmer am Praktikantenprogramm im Rahmen einer Bestenauslese gegen zahlreiche andere Bewerber durchgesetzt; das verlangt Anerkennung. Zum anderen bieten Praktikantenprogramme oft einen Mehrwert, der etwa in einem speziell für Praktikanten ausgearbeiteten Fortbildungsprogramm, dem Besuch von anderen Standorten der Kanzlei sowie einem Freizeitprogramm liegen kann.

Ob eine Kanzlei ein Praktikantenprogramm anbietet, können Sie meist auf der Webseite der Kanzlei erfahren. Hier finden Sie auch Informationen zum Inhalt des Programms und den Bewerbungsfristen. Grundsätzlich gilt, dass Sie sich möglichst früh bewerben sollten. Die Plätze für das Praktikantenprogramm sind meistens schnell und teilweise auch mit mehreren Monaten Vorlaufzeit vergeben.

Anhang B am Ende dieses Buches enthält eine Übersicht zu Praktikantenprogrammen, die von ausgewählten Großkanzleien veranstaltet werden. Die Übersicht ist nicht abschließend. Informieren Sie sich auf den Websites der Kanzleien an Ihrem Wunschstandort, ob Sie ebenfalls ein Praktikantenprogramm anbieten und vergleichen Sie die Angebote der Großkanzleien.

3.3 – Bewerbungsunterlagen

Eine Bewerbung besteht mindestens aus einem Anschreiben und Ihrem Lebenslauf. Anlagen, wie etwa Zeugnisse, können Sie auch später nachreichen. Sollten Sie jedoch besonders gute Bewertungen von vorherigen Praktika oder sonstige Nachweise haben, die Sie auszeichnen und keinen Platz im Lebenslauf gefunden haben, empfiehlt es sich, diese gleich der Bewerbung anzuhängen.

Bei dem Format des Anschreibens und des Lebenslaufes, einschließlich der üblichen Fragen, ob ein Foto dem Lebenslauf beigefügt werden sollte und welche persönlichen Angaben im Lebenslauf zu machen sind, können Sie sich auf die üblichen Bewerbungsführer verlassen. Solange auf der Webseite keine ausdrücklichen Vorgaben gemacht werden, können Sie bei der Form und dem Inhalt Ihrer Bewerbung wenig falsch machen. Klassische Bewerbungsunterlagen kommen in der Regel besser an.

Das Anschreiben

Die wichtigsten Angaben im Anschreiben sind, wo und wann Sie ihr Praktikum ableisten wollen. Sollten Sie eine Präferenz für einen Rechtsbereich haben, können Sie diesen im Anschreiben angeben. Obwohl diese Angaben an und für sich selbstverständlich sind, vergessen Bewerber sie leider immer wieder anzugeben. Manche Bewerber vertrauen etwa darauf, dass der Ansprechpartner für Praktika am "richtigen" Standort sitzt und verzichten daher auf die Angabe des Standortes. In solchen Fällen übersehen die Bewerber oft, dass es einen zentralen Ansprechpartner für alle deutschen Büros gibt, der nicht wissen kann, für welchen Standort Sie sich interessieren.

Neben den Basisangaben sollte das Anschreiben Ihren wesentlichen Lebensweg und was Sie besonders auszeichnet darlegen. Das Anschreiben sollte jedoch keine ausformulierte Fassung ihres Lebenslaufs sein, sondern einen Mehrwert zu diesem schaffen. Nutzen Sie das Anschreiben etwa, um bestimmte Entscheidungen in Ihrem Leben zu begründen oder Erfolge, auf die Sie besonders stolz sind, in den Vordergrund zu stellen. Diese Aufgabe fällt Bewerbern regelmäßig am schwersten. Richtig rund wird ein Anschreiben, wenn es dem Bewerber in diesem Teil des Anschreibens gelingt, den Bogen zum Anfang des Anschreibens zu knüpfen, etwa durch die Begründung, warum Sie sich für einen bestimmten Rechtsbereich besonders interessieren.

Sollten Sie sich für ein Praktikantenprogramm bewerben, vermerken Sie dies ausdrücklich im Anschreiben. Bei kurzfristigen Bewerbungen sollten Sie sich vorab telefonisch erkundigen, ob noch Plätze in dem Programm verfügbar sind. Aufgrund der Beliebtheit dieser Programme sind die Plätze oft schon längere Zeit im Voraus vergeben.

Der wichtigste Punkt zum Anschreiben ist aber, dass das Anschreiben keine Tipp-, Rechtschreib- oder Grammatikfehler enthalten sollte. Einige Bewerber neigen dazu auf der Endgeraden des Bewerbungsverfahrens zu hastig eine Bewerbung abzuschicken, ohne Sie nochmals – auch gern von Bekannten –Korrektur gelesen zu haben. Flüchtigkeitsfehler passieren insbesondere, wenn Sie mehrere Bewerbungen absenden. Typische Fehler sind, dass die Anschrift der Kanzlei nicht stimmt, weil sie von der vorherigen Bewerbung übernommen und nicht aktualisiert wurde, der Ansprechpartner falsch ist oder die Anrede (Frau/Herr) nicht an den Ansprechpartner angepasst wurde. Manche Bewerber schaffen es nicht einmal Ihren Namen richtig zu schreiben. Abgesehen von diesen Kardinalfehlern sollten Sie auch die Rechtschreibung und Grammatik prüfen. Großkanzleien leben davon, dass Sie ihre Beratung in Wort und Schrift verkaufen. Fragen Sie sich selber, würden Sie einem Rechtsrat vertrauen, der in einem Text voller Rechtschreibfehler niedergelegt ist? Vermutlich hätten Sie zumindest Zweifel an der Qualität des Rechtsrats. Prüfen Sie Ihre Bewerbung daher sorgfältig, bevor Sie sie absenden, ansonsten riskieren Sie, dass ihre Bewerbung schon aus formellen Gründen zurückgewiesen wird.

Schlussendlich gilt, dass Sie sich kurz halten sollten. Ihr Anschreiben sollte nicht länger als eine Seite lang sein. Viel längere Anschreiben werden schlichtweg seltener gelesen und Sie verpassen so die Chance einen guten ersten Eindruck zu hinterlassen. Sie werden schnell feststellen, dass es sehr schwer ist, das wesentliche über Sie auf einer Seite zusammenzufassen.

Der Lebenslauf

Für den Lebenslauf gelten viele der vorgenannten Regeln entsprechend: Vermeiden Sie insbesondere Tipp- und Rechtschreibfehler und halten Sie sich kurz. Es mag Ausnahmen geben, grundsätzlich sollte es einem Studenten aber möglich sein, seinen Lebenslauf auf einer Seite darzustellen. Der Lebenslauf sollte so ausführlich sein, dass er alle wichtigen und interessanten Aspekte Ihrer Ausbildung und Erfahrung anspricht, diese aber nicht schon zur Erschöpfung darlegt. Sie werden im Vorstellungsgespräch noch genug Gelegenheit haben, mehr zu den einzelnen Punkten Ihres Lebenslaufes zu sagen. Das ermöglicht Ihnen auch eine bessere Vorbereitung des Vorstellungsgespräches. Wenn Ihr Lebenslauf dagegen so ausführlich ist, dass er keiner weiteren Erläuterung bedarf, wird Ihnen die Vorbereitung auf das Vorstellungsgespräch schwierig fallen, weil die Fragen schlechter vorhersehbar sind. Denken Sie daran, dass der Lebenslauf bei dem Vorstellungsgespräch vor Ihrem Gesprächspartner liegt und er diesem folgen wird. So kann es empfehlenswert sein, schwierige oder langwierige Erklärungen zu einem Lebensabschnitt unter einem Stichwort zusammenzufassen. Dies provoziert Ihren Gesprächspartner nach der Bedeutung des Begriffs zu fragen.

Im Lebenslauf sollten Sie ihre Ausbildung und etwaige erste Berufserfahrung darstellen. Großkanzleien stellen sehr hohe Voraussetzungen an Ihre Bewerber, die sich insbesondere an den Noten ablesen lassen. Sie sollten Ihre Abiturnote oder Bewertungen aus dem Studium daher in den Lebenslauf aufnehmen. Fehlen die Noten, wird Ihr Gesprächspartner diese ohnehin aus den Zeugnissen heraussuchen oder bei Ihnen nachfordern. Diesen lästigen Arbeitsschritt sollten Sie Ihrem Gesprächspartner ersparen.

Ein weiterer wichtiger Punkt für internationale Großkanzleien ist, wie gut Sie die englische Sprache beherrschen. Jede weitere Fremdsprache ist ein Plus. Ein großer Teil der Kommunikation mit Mandanten läuft in Großkanzleien ausschließlich auf Englisch ab. Sie sollten daher nicht nur unter Sprachen angeben, wie gut Sie Englisch sprechen, sondern – soweit möglich – auch durch Ausbildungsabschnitte, etwa einem Studienaufenthalt im Ausland, oder der Teilnahme an Sprachkursen, belegen können. Fehlen Ihnen diese Kenntnisse ist dies auch kein Beinbruch. Es ist dann aber sinnvoller, Sie in einem Rechtsbereich unterzubringen, in dem weniger in Englisch kommuniziert wird. Viele Kanzleien bieten zudem Sprachkurse in Rechtsenglisch an, die Sie – unabhängig von Ihrem Kenntnisstand – nutzen sollten, weil Sie in der Regel sehr praxisnahes Fachvokabular und Fachfloskeln lernen.

Haben Sie bereits mehrere Auszeichnungen oder Stipendien erhalten, sollten Sie diese in einem gesonderten Punkt erwähnen. Einzelne Auszeichnungen oder Stipendien sollten Sie dagegen bei dem jeweiligen Ausbildungsabschnitt ergänzen. Darüber hinaus zählen einige Lebensläufe unter dem Punkt "Sonstige Aktivitäten" Mitgliedschaften in Vereinen und sonstige extracurriculare Aktivitäten auf. Ihr Lebenslauf sollte diese Punkte (soweit überhaupt relevant) in Stichpunkten erfassen. Sie werden im Vorstellungsgespräch genug Zeit haben, weiter auf sie einzugehen.

Einen letzten Punkt, den einige Bewerbungsratgeber empfehlen, nicht mehr in den Lebenslauf aufzunehmen, findet man oft unter den Stichwörtern "Hobby" oder "Freizeitaktivitäten". Ich empfehle diesen Punkt in den Lebenslauf aufzunehmen, weil er es erlaubt, das Vorstellungsgespräch auch auf einer persönlichen Ebene zu führen und sein Gegenüber besser kennenzulernen. Sie sollten sich jedoch auf Hobbies beschränken, denen Sie auch wirklich nachgehen. Ich erlebe immer wieder, dass Bewerber Hobbies angeben, die Sie seit mehreren Jahren schon nicht mehr verfolgen oder besonders ausgefallene Sportarten nennen, die Sie eigentlich nur vom Sessel vor dem Fernsehen mitverfolgen.

Zielgerichtete Bewerbungen

Eine zielgerichtete Bewerbung ist für mich eine Bewerbung, die zum Ziel hat, einen ganz bestimmten Praktikumsplatz bei einer ganz bestimmten Großkanzlei und in einer ganz bestimmten Abteilung zu sichern. Solche zielgerichteten

Bewerbungen fordern mehr Zeit, sind aber sehr oft erfolgreicher. Sie lassen sich jedoch deutlich schlechter duplizieren und können daher nur beschränkt als Vorlage für Bewerbungen bei weiteren Kanzleien herhalten.

Eine zielgerichtete Bewerbung macht sich die durch Studien nachgewiesene Erkenntnis zu Gute, dass Arbeitgeber solche Bewerber bevorzugen, die Ihnen sehr ähnlich sind. Das Ziel einer zielgerichteten Bewerbung liegt also darin, Ihren späteren Gesprächspartner im Bewerbungsgespräch schon vor der Bewerbung zu identifizieren und seine Vita zu erkunden. Bei der Abfassung des Anschreibens und des Lebenslaufes sowie dem Vorstellungsgespräch legen Sie dann einen besonderen Schwerpunkt auf solche Punkte, die Ihr Gesprächspartner ebenfalls aufweist (etwa gleicher Geburtsort, Besuch der gleichen Schule oder der gleichen Universität oder ein gemeinsames Hobby). Umso mehr Gemeinsamkeiten Sie herausarbeiten, umso höher ist die Chance, dass Sie mit Ihrer Bewerbung erfolgreich sind.

3.4 – Bewerbungsgespräch

In den vorangegangen Abschnitten konnten Sie bereits einige Tipps dazu lesen, wie Sie versuchen können, den Inhalt des Vorstellungsgesprächs vorzugeben und zu steuern. Fangen wir jedoch von vorne an.

Wenn Sie eine Einladung zum Vorstellungsgespräch erhalten, haben Sie die größte Hürde gemeistert. Großkanzleien laden in der Regel nur Praktikanten zum Vorstellungsgespräch ein, die sie – wenn es allein nach den Bewerbungsunterlagen gehen würde – auch einstellen würden. Sie haben also einen ersten guten Eindruck hinterlassen und sollten diesen im Vorstellungsgespräch bestätigen oder gar übertreffen. Machen Sie sich immer wieder bewusst, dass Sie bereits einen großen Schritt getan haben. Das wirkt beruhigend, gibt Selbstvertrauen und nimmt Ihnen hoffentlich etwas von der Nervosität vor und während des Vorstellungsgespräches.

Bewerbungsgespräche in Großkanzleien sind im Vergleich zu denen in Unternehmen meistens leichter zu bewältigen, weil Sie kein Assessment Center durchlaufen und auch keine Wissensfragen beantworten müssen. Ihren Gesprächspartnern aus der Großkanzlei geht es in der Regel nur darum festzustellen, wie Sie im persönlichen Umgang sind. Es gilt daher einen guten Eindruck beim Gesprächspartner zu hinterlassen. Zeigen Sie sich ganz natürlich, ihr Gegenüber wird dies auch tun. Die Frage, ob Sie zur Kanzlei passen, stellt sich schließlich für beide Seiten, die Großkanzlei wie auch Sie.

Zur Vorbereitung des Vorstellungsgespräches sollten Sie nochmals Ihre Bewerbungsunterlagen durchgehen. Welche Punkte in Ihrem Lebenslauf könnten Anlass zu Nachfragen geben? Was antworten Sie, wenn Sie nach dem roten Faden in ihrem Lebenslauf gefragt werden? Warum haben Sie Jura studiert? Warum haben Sie sich bei dieser Großkanzlei beworben? Warum interessiert Sie ein spezielles Fachgebiet? Wie heißen Ihre Professoren? Welchen Beruf wollen Sie später einmal ausüben? Alle diese Fragen sollten Sie vorab vorbereiten, damit Sie im Gespräch nicht lange nach den Antworten suchen müssen und sich dabei gegebenenfalls verhaspeln. Denken Sie beim Vorformulieren der Antworten immer daran, wie die Antwort auf Ihren Gesprächspartner wirken könnte. Auf die Frage nach dem Berufsziel erhielt ich teilweise schon die Antwort, dass der Bewerber jedenfalls nicht Anwalt werden wolle. Das mag ehrlich und Ihr aktuelles Meinungsbild sein. Warum sollte eine Kanzlei aber Zeit und Geld in Sie investieren, wenn Sie dem Berufsbild nicht offen gegenüber stehen. Der Sinn eines Praktikums ist es schließlich herauszufinden, ob der Beruf des Rechtsanwalts, den Sie durch das Praktikum näher kennenlernen, etwas für Sie ist oder eben nicht. Nicht selten dreht sich das Bild vom Anwaltsberuf bei den Praktikanten sehr schnell zum Positiven, selbst wenn Sie dem Beruf vorher negativ gegenüber standen.

Im Zuge der Vorbereitung der vorgenannten Fragen sollten Sie auch die Webseite der Großkanzlei, insbesondere die allgemeine Kanzleivorstellung und gegebenenfalls eine Beschreibung des Standortes durchlesen. Auf die Frage nach den Kriterien für die Auswahl der Kanzlei antworteten einige Bewerber mir im Vorstellungsgespräch, dass Sie besonderen Wert auf eine Kanzlei mit ausländischen Büros in London oder Paris gelegt hätten. Zu dieser Zeit war ich bei Gleiss Lutz, einer Kanzlei mit fast ausschließlich deutschen Büros angestellt. Es gibt viele weitere solcher Fettnäpfchen, die Sie mit einer guten Vorbereitung leicht vermeiden können.

Wählen Sie für das Vorstellungsgespräch möglichst biedere, klassische Anziehsachen. Männer können mit einem schwarzen Anzug mit weißem Hemd und schwarzen Schuhen nichts falsch machen. Ebenso verhält es sich mit einem Kostüm bei Frauen. Oftmals sind Kanzleien gar nicht so bieder, wie es auf den ersten Blick erscheint. Wo die Grenzen sind und worauf Sie achten müssen, wissen Sie allerdings erst nach Ihrem ersten Arbeitstag. Ich empfehle Ihnen daher für das Vorstellungsgespräch keine Risiken einzugehen. Das gilt übrigens auch für die neuerdings sehr beliebten braunen Schuhe bei Männern, die gegen die alte Stilregel "No brown in town" verstoßen, wie auch zu aufreizende Kleidung bei den weiblichen Praktikanten.

Am Tag des Vorstellungsgespräches sollten Sie auf jeden Fall pünktlich kommen. Wenn Sie 15 bis 10 Minuten vor dem Termin erscheinen, sind Sie sicher, dass das Gespräch pünktlich beginnen kann. Bei einigen Kanzleien treffen Sie zunächst im Erdgeschoss auf den allgemeinen Empfangsbereich, werden dann erst auf die Konferenzetage geschickt, erklären dort, dass Sie zum Bewerbungsgespräch da sind, legen Ihre Sachen ab, geben vielleicht schon einen Getränkewunsch ab und ggf. erst dann meldet der Empfang Ihre Ankunft Ihrem Gesprächspartner. Wären Sie nur wenige Minuten vor dem Termin im Büro erschienen, erhielte Ihr Gesprächspartner erst einige Zeit nach dem vereinbarten Termin einen Anruf vom Empfang über Ihr Erscheinen. Sie wären daher aus Sicht Ihres Gesprächspartners zu spät, obwohl Sie den Eingang der Kanzlei pünktlich betraten. Pünktlichkeit ist ein Kriterium, an dem Mandanten täglich ihre Rechtsanwälte messen. Wer unpünktlich ist, wirkt unzuverlässig und Mandanten mögen keine unzuverlässigen Rechtsanwälte. Es wundert daher nicht, dass viele Rechtsanwälte auch Bewerber an diesem Kriterium messen. Sollte Sie dennoch auf dem Weg zum Bewerbungstermin merken, dass Sie es nicht rechtzeitig schaffen, rufen Sie rechtzeitig Ihren Gesprächspartner an und teilen Sie mit, dass Sie sich um einige Minuten verspäten. So kommen Sie zwar immer noch zu spät, haben aber gezeigt, dass Sie zuverlässig sind, indem Sie rechtzeitig über Ihr Zuspätkommen informiert haben.

Zum Vorstellungstermin sollten Sie Ihre Bewerbung (ggf. mit Zeugnissen) mitnehmen. Nehmen Sie ebenfalls einen Ausdruck der schriftlichen Einladung zum

Vorstellungstermin mit, damit Sie den Namen Ihres Gesprächspartners und ggf. auch seine Telefonnummer dabei haben. Einige Bewerber vergessen aus Nervosität den Namen Ihrer Ansprechpartner, was die Nervosität meistens noch anfacht und das Vorstellungsgespräch unnötig schwierig macht. Weitere Unterlagen benötigen Sie in der Regel nicht und wenn doch, können Sie sie später nachreichen.

Der Empfang in der Kanzlei setzt Sie entweder in den Sitzbereich, wo Sie solange warten, bis Ihr Gesprächspartner sie abholt oder er setzt Sie direkt in einen Konferenzraum, in dem das Interview stattfinden wird. In beiden Fällen kann es vorkommen, dass Sie gefühlt sehr lange auf Ihren Gesprächspartner warten müssen. Das ist ganz normal. Die Wartezeit erscheint meistens noch länger, wenn man allein in einem Konferenzraum sitzt. Viele Bewerber bleiben diese Zeit dennoch stehen und warten am Fenster bis der Gesprächspartner hereinkommt und sie begrüßt. Das hat den Vorteil, dass Sie bei der Platzwahl flexibel sind und sich auf Ihren oder Ihre Gesprächspartner einstellen können. Falls Sie sich dennoch gleich setzen wollen, suchen Sie sich einen Platz aus, dessen Ausblick wenig Ablenkung bietet. Sehen Sie also lieber die Wand an, anstatt sich vom schönen Fensterausblick ablenken zu lassen.
Sobald Ihr Gesprächspartner hereinkommt, erheben Sie sich, falls Sie nicht schon stehen sollten und begrüßen Sie ihn. Bewerbungsgespräche fangen oft mit Small Talk an. Es geht um die Anreise, das Wetter oder ähnlich belanglose Gesprächsthemen. Hier bietet sich die erste Gelegenheit sich natürlich und sympathisch zu zeigen und von Anfang an einen guten Eindruck zu hinterlassen. Wenn Sie gut vorbereitet sind und einen gemeinsamen Bezugspunkt zu Ihrem Gesprächspartner gefunden haben, etwa ein gemeinsames Hobby oder einen gemeinsamen Bekannten, besteht jetzt auch schon die Möglichkeit, diesen einfließen zu lassen.

Im Anschluss werden Sie oft gebeten sich kurz vorzustellen. Diese kurze Rede sollten Sie vorab proben und im Bewerbungsgespräch möglichst natürlich und lebhaft wiedergeben. Wenn Sie meiner Empfehlung zum Erstellen des Lebenslaufes gefolgt sind, kennen Sie bereits die Stichwörter, die Nachfragen Ihres Gesprächspartners provozieren werden.

Es folgen oft Fragen zur Kanzleiauswahl, zu dem gewünschten Fachbereich oder, wenn in der Bewerbung kein Fachbereich genannt wurde, die Nachfrage, welche Bereiche den Bewerber interessieren. Bevor Sie diese Frage beantworten, sollten Sie den Fachbereich Ihres oder Ihrer Gesprächspartner kennen. Nutzen Sie etwa die anfängliche Small Talk Phase um Ihre Gesprächspartner kennenzulernen. Ich habe leider schon oft in Bewerbungsgesprächen erlebt, dass Bewerber, obwohl Ihre Bewerbung keinen Wunsch für einen Fachbereich enthielt, auf die Frage hiernach sofort einen Fachbereich nannten, der meistens nicht dem des Interviewers entsprach. Sobald ich den Bewerber dann darauf hinwies, dass ich einen anderen Bereich betreue und wir für diesen einen Praktikanten suchen, vollziehen viele Bewerber eine Wende um 180 Grad und bekunden ihr Interesse für dieses Rechtsgebiet. Dieser peinlichen Situation können Sie entgehen, indem Sie sich zum einen offen zeigen und unter anderem Interesse für den Fachbereich bekunden, den Ihr Gesprächspartner betreut. Ich spreche ganz allgemein die Empfehlung aus, sich gegenüber jedem Fachbereich offen zu zeigen. In der Praxis stellt sich ein Rechtsbereich oft viel spannender da, als die Bezeichnung erahnen lässt oder er im Studium bisher erschien.

Das vorgenannte Vorgehen gilt für alle "Entscheidungsfragen", also Fragen, die darauf abzielen, dass Sie eine Entscheidung fällen. Informieren Sie sich zunächst über das Angebot, bevor Sie Ihre Entscheidung äußern. Im Zweifel zeigen Sie sich offen. Sie sollten bedenken, dass Sie noch am Anfang Ihrer Ausbildung stehen und Ihr vorrangiges Ziel sein sollte, durch das Praktikum einen Einblick in die Praxis zu gewinnen. Grundsätzlich ist es zwar gut, fest entschlossen zu erscheinen. Bei einigen Bewerbungsgesprächen hatte ich jedoch schon Bewerber, die sehr viele 180 Grad Wenden vollzogen. Die feste Entschlossenheit wurde so mehr zu einem Drehen der eigenen Meinung nach dem Wind. Treten Sie daher nur dort fest entschlossen auf, wo Sie auch wirklich keinen Spielraum sehen und zeigen Sie sich im Übrigen flexibel.

Bei einem Praktikum ist es besonders wichtig, den Zeitraum für das Praktikum zu kennen. Hier kann es sich lohnen, sich flexibel zu zeigen, weil Praktikumsprogramme in der Regel an bestimmten Tagen anfangen und enden. Wenn die von Ihnen genannten Daten nicht dazu passen, laufen Sie Gefahr unmittelbar aussortiert zu werden. In Ihrer Bewerbung sollten Sie nach Möglichkeit so vorgehen, dass Sie die Dauer des Praktikums benennen und sich für den Anfang zeitlich flexibel zeigen (etwa solange der Termin in den Semesterferien liegt). In der Vergangenheit kam es schon ein paar Mal vor, dass Bewerber die Termine Ihrer Semesterferien und Ihre sonstigen Verpflichtungen nicht kannten. Diese Bewerber verspielten Ihre Chance, direkt im Bewerbungsgespräch eine Zusage für das Praktikum zu erhalten.

Sie werden während des Gesprächs oder zum Ende des Gesprächs Gelegenheit bekommen, Fragen zu stellen. Bereiten Sie vorab schon ein paar offene Fragen vor. Offene Fragen sind Fragen, auf die Ihr Gesprächspartner nicht nur mit Ja oder Nein beantworten kann, sondern Ihnen etwas erläutern muss. Fragen Sie etwa nach den letzten Mandaten aus dem Bereich, der Größe des Fachbereiches oder welche Arbeit auf Sie als Praktikant zukommen würde. Fragen nach der Vergütung sind ebenfalls erlaubt. Abschließend sollten Sie sich erkundigen, wann Sie von der Großkanzlei zurückhören, ob Ihre Bewerbung erfolgreich ist.

Viele Bewerber sind nervös während des Bewerbungsgespräches. Das ist ganz normal. Versuchen Sie sich bestmöglich auf das Bewerbungsgespräch vorzubereiten und Sie werden sehen, dass die Aufregung verfliegt, weil Sie auf alle Fragen vorbereitet sind. Wenn Sie sich verhaspeln, entschuldigen Sie sich kurz, machen Sie eine kurze Pause und fangen Sie nochmal von vorne an. Versuchen Sie langsam zu sprechen. Personen, die aufgeregt sind, sprechen oft sehr schnell, weil die Zeit für sie "gefühlt" sehr langsam vergeht. Wenn Sie im aufgeregten Zustand "gefühlt" langsam sprechen, sprechen Sie also ganz normal und ihr Gesprächspartner wird Ihnen gut folgen können.

Im Folgenden seien noch ein paar Patzer aufgelistet, die Sie vermeiden sollten:

- Halten Sie immer wieder Augenkontakt mit Ihrem Gesprächspartner und starren Sie nicht leer in den Raum oder an die Decke.

- Trinken Sie während des Bewerbungsgespräches ausschließlich stilles Wasser. Bei Nervosität ist Kaffee kontraproduktiv und Sprudelwasser kann zu unkontrolliertem Aufstoßen führen.

Treten Sie nicht arrogant auf. Es ist zweifelslos von Vorteil, wenn Sie eine gute Schule oder Universität besucht haben oder besuchen. Das ist aber in der Großkanzleiwelt nichts Besonderes, weil alle Großkanzleijuristen eine herausragende Vita haben.

4 – Vorbereitung auf das Praktikum

Es ist in der Regel schwierig sich auf das Praktikum gut fachlich vorzubereiten. Der Grund hierfür liegt in der Eigenheit der Arbeit von Großkanzleien. Sie werden meistens mandatiert, wenn die unternehmensinternen Juristen (sog. In-house Juristen) in Kommentaren, Handbüchern und Onlinedatenbanken keine Lösung für ein juristisches Problem gefunden haben. Wie wollen Sie sich also vorab auf ein Problem vorbereiten, zu dem es keine Literatur gibt? Das geht nicht.

Was dagegen funktioniert ist, dass Sie sich mit den Grundzügen eines Fachbereiches vertraut machen. Das geht am schnellsten in dem Sie sich ein Skript zu dem Fachgebiet durchlesen. Sie sollten ein erstes Gefühl für die Materie bekommen, insbesondere welche Gesetze in dem Rechtsbereich eine Rolle spielen. Niemand wird von Ihnen verlangen, dass Sie die Antwort auf eine Frage sofort kennen. Sie können später aber punkten, wenn Sie wissen, wo Sie nachschlagen müssen.

Ein weiterer Ansatz für Ihre Vorbereitung kann das Lesen der Veröffentlichungen des Partners sein, in dessen Bereich Sie arbeiten werden. Rechtsanwälte schreiben oft über die bei der Arbeit gewonnenen Erkenntnisse einen Aufsatz. Die Aufsätze können Ihnen daher einen ersten Eindruck der Arbeit in dem jeweiligen Fachbereich bieten. Eine Liste der Veröffentlichungen der Rechtsanwälte ist meistens auf der Webseite bei der Vita der jeweiligen Personen veröffentlicht.

Schließlich können Sie sich auch bei Ihrem Ausbilder vorab melden und nachfragen, ob Sie sich in Vorbereitung auf das Praktikum in ein bestimmtes Thema einlesen sollen. Sollten Sie so vorgehen, seien Sie sich aber bitte auch im Klaren, dass Ihr Ausbilder davon ausgehen wird, dass Sie zum Beginn des Praktikums bereits über die nachgefragten Grundkenntnisse verfügen. Wer vor dem Praktikum bereits mit Leistungsbereitschaft punkten will, muss diese Leistung dann auch erbringen, ansonsten fällt er negativ auf.

5 – Kurz vor dem ersten Arbeitstag

5.1 – Wann, wo und bei wem?

Eine Woche vor dem ersten Arbeitstag sollten Sie mit Ihrem Ausbilder Kontakt aufnehmen und nachfragen, wann Sie am ersten Tag Ihres Praktikums erscheinen und bei wem Sie sich zunächst melden sollen.

Sie sollten damit rechnen, dass Ihr erster Arbeitstag gegen 10 Uhr beginnt. Um diese Uhrzeit ist das Büro meistens vollständig besetzt und damit ist sichergestellt, dass jemand vor Ort ist, der Sie begrüßen kann. Am ersten Arbeitstag wird Ihnen Ihr Ausbilder in der Regel rechtzeitig Bescheid geben, wann Sie gehen dürfen. In der Hektik der Arbeit kann Ihr Ausbilder dies aber auch mal vergessen. Versauern Sie dann bitte nicht auf Ihrem Platz, erkundigen Sie sich gegen 18 Uhr pro-aktiv bei Ihrem Ausbilder, wie lang denn die Arbeitszeiten für Praktikanten sind und wann Sie am nächsten Tag wieder in der Kanzlei aufschlagen sollen. Als Indikation sei angemerkt, dass Arbeitszeiten von 9 Uhr bis 18 Uhr für Praktikanten in der Großkanzlei üblich sind.

Der zweite Teil der Frage, also der Frage nach dem Ansprechpartner am ersten Arbeitstag, zielt darauf ab, dass Sie am ersten Tag ggf. erst einmal ein Schulungsprogramm durchlaufen müssen. Großkanzleien benutzen in der Regel spezielle Programme, um Ihre Akten elektronisch zu verwalten. Zudem erhalten Sie meist eine Einführung zur Bibliothek und dem Ausleihsystem sowie eine Erklärung dazu, wie Sie bei Recherchen auf Juris oder Beck-Online Aktennummern hinterlegen können, damit die entsprechenden Kosten später auf den Mandanten umgelegt werden können.

Ihr Ausbilder sollte Sie nach Möglichkeit am ersten Tag in der Abteilung herumführen und Sie Ihren unmittelbaren Kollegen vorstellen. Tut er dies nicht, fordern Sie es von Ihrem Ausbilder ein oder stellen Sie sich selbst bei den Kollegen vor. Angesichts der kurzen Zeit des Praktikums ist es wichtig, dass die Rechtsanwälte des Fachbereiches Sie frühzeitig kennenlernen. So stellen Sie sicher, dass Sie von Anfang an in die tägliche Arbeit einbezogen werden und durch die Zusammenarbeit mit mehreren Rechtsanwälten einen noch besseren Einblick in die Praxis erhalten.

5.2 – Kleidung

Sofern Sie den Kleidungsstil in der Kanzlei nicht schon kennen, sollten Sie sich auch am ersten Arbeitstag möglichst klassisch kleiden. Für weitere Hinweise verweise ich auf die Ausführungen zum Bewerbungsgespräch. Nutzen Sie das Kennenlernen der neuen Kollegen am ersten Arbeitstag dann, um deren Kleidungsstil zu erkunden und passen Sie Ihren Kleidungsstil entsprechend an.

Bitte beachten Sie, dass es bei einigen Kanzleien einen "Casual Friday" gibt. Das Verständnis von "casual" ändert sich dabei nicht nur von Kanzlei zu Kanzlei, sondern auch von Standort zu Standort oder gar Partner zu Partner. Auch hier gilt, tasten Sie sich langsam vor und übertreiben Sie es am Ihrem ersten Casual Friday nicht mit der Alltäglichkeit Ihrer Kleidung oder fragen Sie vorab Ihren Ausbilder, welcher Kleidungsstil am Casual Friday üblich ist.

Praktikantinnen sei empfohlen sich nicht zu freizügig zu bekleiden. Miniröcke sind in Großkanzleien ebenso tabu wie Spaghettiträger-Tops. Versetzen Sie sich in die Rolle des Mandanten. Würden Sie eine mehrere tausend Euro kostende Rechtsberatung ernst nehmen, die Sie von einer Rechtsanwältin in Minirock und Spaghettiträger-Top erhalten? Würden Sie als Vorstand eines DAX Unternehmens nicht auch erwarten, dass ihr Berater sich genauso anständig kleidet wie Sie? Wenn Sie, und das gilt sowohl für Frauen als auch Männer, sich von Anfang an angemessen kleiden, erhöhen Sie zudem die Chance, dass Ihr Ausbilder Sie zu einer Mandantenbesprechung mitnimmt.

6 – Arbeit in der Kanzlei

6.1 – Erstes Gespräch mit dem Ausbilder

Nachdem Sie die Schulungen zur IT und Bibliothek hinter sich haben, sollten Sie das Gespräch mit Ihrem Ausbilder suchen. Sollte Ihr Ausbilder Sie noch nicht in der Abteilung herumgeführt haben, wäre nun der Augenblick hiernach zu fragen. Außerdem sollten Sie sich erkundigen, woran Ihr Ausbilder gerade arbeitet und ob Sie ihm bei einer Aufgabe unterstützen können.

Es kommt leider manchmal vor, dass die IT Ihren Arbeitsplatz noch nicht vollständig vorbereiten konnte oder die Schulungen an anderen Tagen stattfinden. Hierüber sollten Sie Ihren Ausbilder informieren. Ansonsten erhalten Sie Ihren ersten Arbeitsauftrag und Ihr Ausbilder fragt sich, warum Sie für die Aufgabe so lange Zeit benötigen.

Nutzen Sie das erste Gespräch mit Ihrem Ausbilder auch, um wichtige Termine vorab abzusprechen. Viele Fachbereiche treffen sich einmal wöchentlich und berichten über laufende Mandate und Business Development Aktivitäten. Sie sollten unbedingt versuchen, an diesen Treffen teilzunehmen. Sie bekommen dann nicht nur mit, woran andere Rechtsanwälte der Abteilung gerade arbeiten, sondern machen sich selbst auch bekannt, so dass die Chance steigt, dass auch ein Kollege Ihres Ausbilders Ihre Unterstützung anfordert. Das frühe Fragen nach diesen Terminen lohnt sich deshalb, weil die Termine meist zu Randzeiten stattfinden, etwa noch vor 9 Uhr morgens, um möglichst vielen Rechtsanwälten die Teilnahme zu ermöglichen. Sollten Sie mit Ihrem Ausbilder vereinbart haben, dass Sie gegen 9 Uhr anfangen, würden Sie von den wöchentlichen Treffen unter Umständen gar nichts mitbekommen.

Es ist insbesondere am ersten Tag nicht ungewöhnlich, dass Sie etwas auf der Wartebank sitzen. Zwischen den Schulungen kann es mal eine längere Pause geben. Ihr Ausbilder wird am Wochenanfang gut beschäftigt sein, die E-Mails vom Wochenende abzuarbeiten und die Arbeit für die laufende Woche zu planen. Sollten Sie am ersten Tag nicht gleich einen Auftrag erhalten, seien Sie nicht besorgt. Das ist ganz normal. Spätestens am zweiten Arbeitstag sollten Sie eine Aufgabe dann aber bei Ihrem Ausbilder pro-aktiv einfordern.

Nutzen Sie den ersten Tag auch um sich mit dem Büro vertraut zu machen. Wo befinden sich die Küche, die Bibliothek, der Empfang und die Toiletten? Haben Sie schon alle Unterlagen beim Accounting oder HR abgegeben, die benötigt werden, um Sie als Arbeitnehmer anzumelden und Ihren Praktikantenlohn zu zahlen? Sind Sie bereits mit ausreichend Büromaterialien ausgestattet oder müssen Sie sich erst noch Büromaterial besorgen? Denken Sie bitte unbedingt daran, sich am ersten Tag einen Schreibblock und einen Stift zu besorgen, wenn diese nicht bereits auf Ihrem Platz liegen.

6.2 – Der Kanzleiordner

Einige Kanzleien stellen Praktikanten am ersten Arbeitstag einen Ordner mit sehr vielen Informationen zur Verfügung. Sie müssen den Ordner nicht vollständig lesen, sollten sich aber mit dem Inhalt des Ordners vertraut machen. Sofern im Ordner beschrieben ist, welche Umgangsformen im Alltag einzuhalten sind, welche Kleiderordnung herrscht und welche Arbeitsutensilien (z.B. Schreibblock und Stift) Sie stets bei sich führen sollten, wenn Sie der Partner für einen neuen Auftrag zu sich ruft, sollten Sie diese Kapitel unbedingt am ersten Tag lesen. Die vielen Regeln scheinen am Anfang manchmal übertrieben. Sie ordnen den Arbeitsalltag jedoch und machen den gegenseitigen Umgang leichter. Achten Sie insbesondere bei der Ansprache darauf, keine Fehler zu machen. Manche Juristen sind sehr pikiert, wenn Sie mit "Hallo" anstatt dem üblichen "Liebe(r)" angeschrieben werden. Sie sollten auch den Anfängerfehler vermeiden, aus der Regel, sich mit Vornamen anzusprechen, zu folgern, dass Sie alle Kollegen duzen dürfen. Tasten Sie sich in solchen unklaren Situationen vorsichtig voran oder fragen Sie Ihren Ausbilder.

Sie sollten den Ordner weiterhin darauf untersuchen, ob er irgendwelche administrativen Arbeitsaufträge für Sie enthält. Einige Ordner enthalten zum Beispiel einen Laufzettel, um sicherzustellen, dass Sie von der Bibliothek bis zur IT richtig eingewiesen wurden. Einen solchen Laufzettel gibt es dann meist auch für den letzten Arbeitstag, wo Sie sich abzeichnen lassen müssen, dass Sie etwa ihr IT Equipment oder Ihre Zugangschipkarte wieder abgegeben haben.

6.3 – Arbeitszeit

Die typische Arbeitszeit von Praktikanten fängt gegen 9 Uhr morgens an und endet gegen 18 Uhr. Sie werden schnell feststellen, dass Ihr Ausbilder einige Stunden länger arbeitet. Sollten Sie an einem Projekt besonders viel Spaß haben, lohnt es sich oft durchaus einmal länger zu arbeiten. Sie bekommen dann nicht nur vom Mandat mehr mit, sondern erleben auch wie sich Arbeitsatmosphäre abends ändert, wenn nur noch die Rechtsanwälte auf dem Gang sitzen. Der Umgang wird zur späten Zeit oft lockerer und familiärer.

Ferner werden Sie schnell feststellen, dass man die Arbeitszeit in der Großkanzlei nicht nach Stunden, sondern nach spannenden und nicht spannenden Aufgaben bewertet. Bei spannenden Aufgaben verfliegt die Zeit meistens im Fluge und Sie werden schnell feststellen, dass selbst ein 12 Stundentag sehr schnell vergehen kann.

6.4 – Die erste Aufgabe

Für die erste Aufgabe ruft Sie Ihr Ausbilder meist zu sich ins Büro. Jetzt gilt es nicht den ersten typischen Anfängerfehler zu machen: Vergessen Sie nicht einen Schreibblock und einen Stift mitzunehmen! Wie sonst wollen Sie sich die Fragen und den Sachverhalt merken.

Schreiben Sie zu Anfang lieber mehr als weniger vom Sachverhalt mit, den Ihnen Ihr Ausbilder vorgibt. Oft wird erst während der Recherche klar, auf welche Teile vom Sachverhalt es tatsächlich ankommt. Anders als an der Universität kann es aber durchaus vorkommen, dass der Sachverhalt unvollständig ist und keine endgültige Klärung der Rechtslage erlaubt. Das ist der große Unterschied der Theorie zur Praxis. In der Praxis muss der Sachverhalt erst aufgeklärt werden, was oft mit Rückfragen beim Mandanten verbunden ist. Bei einem Arbeitsauftrag sollten Sie daher stets zwei Komplexe unterscheiden. Der eine ist das juristische Problem zu identifizieren, zu verstehen und zu lösen. Der zweite ist den Sachverhalt vollständig zu erfassen und dann auszuwerten.

Neben dem Sachverhalt und der juristischen Frage, die Sie klären sollen, ist ein weiterer Punkt von zentraler Bedeutung: Wie viel Zeit haben Sie für Ihre Recherche? Bei der ersten Recherche ist Ihr Ausbilder in der Regel großzügig. Nutzen Sie diese Zeitspanne auch, um einen ersten guten Eindruck zu hinterlassen. Bei Folgeaufträgen wird Ihr Ausbilder Sie vielleicht fragen, wie lange Sie für die Recherche brauchen. Hier ist höchste Vorsicht geboten, weil Praktikanten sich regelmäßig überschätzen und die notwendige Zeit unterschätzen. Vergessen Sie insbesondere nicht, dass die Arbeit am Ende der Recherche noch nicht getan ist. Sie müssen Ihr Rechercheergebnis in geeigneter Form zu Papier bringen. Dieser letzte Schritt kann sehr zeitintensiv sein, unterschätzen Sie ihn daher nicht.

Fragen Sie Ihren Ausbilder auch, welches Arbeitsprodukt er von Ihnen erwartet. Sollen Sie zunächst nur mündlich berichten oder etwas zu Papier bringen, etwa ein Gutachten schreiben? Klären Sie auch, ob und in welcher Form Sie die Literatur oder sonstige Nachweise zusammentragen sollen. Hier sind die Vorlieben von Ausbilder zu Ausbilder unterschiedlich. Sie können grundsätzlich nichts falsch machen, wenn Sie die Literaturhinweise kopieren oder ausdrucken und in einem Ordner sammeln. Sind die Kopien dann noch nach einem sinnvollen System sortiert, hinterlässt das meistens einen sehr positiven Eindruck.

Sollten Sie etwas zu Papier bringen müssen, erkundigen Sie sich unbedingt, in welcher Sprache ihr Ausbilder die Auskunft benötigt. Diesen Punkt sollten Sie ausdrücklich mit Ihrem Ausbilder klären und sich keinesfalls auf Ihr Gefühl verlassen. Der Aufwand ein Memo wieder in eine andere Sprache zu übersetzen ist einfach zu groß.

Im Grunde haben Sie jetzt alle Informationen, die Sie brauchen. Oder fehlt noch etwas? Ja, die sogenannte "matter number". Die matter number ist nichts anderes als die Aktennummer für ein bestimmtes Mandat. Die matter number benötigen Sie zunächst um die Zeiten, die Sie auf einem bestimmten Mandat gearbeitet haben, zu erfassen, die dem Mandanten dann in Rechnung gestellt werden. Ob und in welcher Form Praktikanten Ihre Arbeitszeit erfassen, unterscheidet sich von Kanzlei zu Kanzlei. Fragen Sie daher Ihren Ausbilder. Eine weitere Funktion der matter number ist, dass sie als Schlüssel für viele Systeme dient. Sie benötigen die matter number etwa, um auf die elektronische Akte zuzugreifen, in der alle Dokumente zu einer Akte gespeichert werden. Bevor Sie die juristischen Datenbanken wie Beck-Online oder Juris benutzen können, müssen Sie in vielen Kanzleien ebenfalls eine matter number eingeben. Bei englischen und amerikanischen Kanzleien ist es auch üblich, dass Sie eine matter number eingeben müssen, wenn Sie etwas ausdrucken oder kopieren wollen. Kurzum die matter number ist nicht nur eine Kennzahl für ein bestimmtes Mandat, sondern der Schlüssel für viele Dienste in der Kanzlei, die Sie ohne eine matter number nicht nutzen können.

6.5 – Nachfragen bei Ihrem Ausbilder

In den ersten Tagen haben Praktikanten oft ein hohes Mitteilungsbedürfnis. Fragen zu stellen ist grundsätzlich richtig und auch wichtig. Sie sollen schließlich etwas lernen. Versuchen Sie Ihre Fragen jedoch zu dosieren und denken Sie daran, dass Ihr Ausbilder neben seiner neuen Ausbildungstätigkeit auch noch sein tägliches Arbeitspensum ableisten muss. Ich erlebe es leider sehr oft, dass Praktikanten im gefühlten fünf Minuten Takt mir neue Fragen zum Sachverhalt stellen oder mir über erste Rechercheerfolge berichten. Das missliche an dieser Situation ist, dass Ihr Ausbilder auch nicht mehr über den Sachverhalt weiß, als er Ihnen gesagt hat. Viele zusätzliche Fragen zum Sachverhalt sind auch irrelevant, was der Praktikant auch selbst hätte feststellen können, wenn er sich kurz mit dem juristischen Problem auseinander gesetzt hätte. Ähnlich unerfahren wirkt es, wenn Sie alle paar Minuten neue Recherchezwischenergebnissen verkünden, die Ihre zuvor gemachte Aussagen widerrufen, weil Sie etwa im nächsten Absatz des Kommentars eine Gegenausnahme zum zuvor beschriebenen Grundsatz gefunden haben. Ihr Ergebnis ändert sich dann im fünf Minuten Takt. Meine Empfehlung lautet daher, lesen Sie sich zunächst in das juristische Problem ein und legen Sie dann noch einmal den Sachverhalt daneben und versuchen Sie Punkte zu identifizieren, die wirklich aufgeklärt werden müssen.

Wenn Sie nicht wissen, wie Sie sich verhalten sollen, stellen Sie sich vor, Sie wären der Mandant. Würden Sie es bevorzugen, fortlaufend Fragen zum Sachverhalt zu erhalten oder, alternativ, in einem Termin mehrere vom Rechtsanwalt gesammelte Fragen zu klären? Wahrscheinlich letzteres, weil es Ihnen weniger Zeit raubt. Und was würden Sie erst denken, wenn Ihr Rechtsanwalt Sie anruft, Ihnen erzählt, die Lösung des rechtlichen Problems sei A und fünf Minuten später die Aussage widerruft und auf Lösung B verweist, obwohl wie sich bei weiteren Recherchen zeigt, eigentlich Lösung C richtig wäre? Selbst wenn der endgültig erteilte Rechtsrat richtig wäre, hätte der Mandant noch erhebliche Zweifel, ob er richtig beraten wurde. Wahrscheinlich würde er sich nicht nochmal von Ihnen beraten lassen. Es gilt daher, alle offenen Fragen zum Sachverhalt zunächst zu sammeln und sich einen Überblick zu den juristischen Fragen zu erarbeiten. Umso weiter Sie mit der Recherche voranschreiten, umso mehr Fragen werden Sie von Ihrer ursprünglichen Liste streichen und am Ende durch wirklich relevante Fragen ersetzen können.

6.6 – Zeiterfassung

Ob Praktikanten ihre Arbeitszeiten (sogenannte billable hours) erfassen müssen, unterscheidet sich nicht nur von Kanzlei zu Kanzlei, sondern auch von Partner zu Partner. Fragen Sie daher Ihren Ausbilder, ob und in welcher Form Sie Ihre Arbeitszeiten erfassen sollen. Sie sollten diese Frage so früh wie möglich ansprechen. Es passiert leider recht häufig, dass Ausbilder diesen Aspekt vergessen und den Praktikanten dann erst eine Woche später bitten, die Zeitaufschriebe nachzuholen. Eine Woche später ist es aber oft schwierig sich zu erinnern, welche Zeiten Sie genau wofür aufgewandt haben.

Fast alle Großkanzleien erfassen Ihre Zeiten mittels spezieller Zeiterfassungsprogramme, die auf Knopfdruck sehr detaillierte Abrechnungen für die Mandanten erstellen können. Um einen Zeiteintrag zu erfassen benötigen Sie die matter number eines Projekts, eine Tätigkeitsbeschreibung und die Dauer der Tätigkeit. Alternativ zur Eingabe in das Zeiterfassungsprogramm ziehen es einige Rechtsanwälte vor, diese Angaben schriftlich zu erfassen und dann Ihrer Sekretärin zu übergeben, welche die Daten dann in das Zeiterfassungsprogramm einpflegt.

Falls Sie Ihre Tätigkeiten und Zeiten erfassen sollen, fragen Sie Ihren Ausbilder, in welcher Sprache und in welchem Detailgrad Sie Ihre Zeiten erfassen sollen. In Großkanzleien sind Tätigkeitsbeschreibungen entweder in Englisch oder in Deutsch zu erfassen. Machen Sie nicht den Anfängerfehler und erraten Sie die Sprache für die Tätigkeitsbeschreibung auf Grundlage der Sprache, die im Mandat gesprochen wird. Es ist nicht selten, dass die Mandatssprache von der Sprache, in der die Zeitaufschriebe erfasst werden sollen, abweicht, weil etwa die Ansprechpartner seitens des Mandanten im Ausland sitzen, die Arbeitsleistung aber der deutschen Tochtergesellschaft zugutekommt und ihr damit auch in Rechnung gestellt wird.

Den Detailgrad frühzeitig zu erfragen spart ebenfalls längerfristig viel Zeit. Manche Mandanten akzeptieren es, längere Rechercheaufträge oder andere Tätigkeiten mit einer entsprechend langen Dauer zu erfassen. Andere Mandanten verlangen einen sehr viel kürzeren Abrechnungsinterval und dementsprechend sehr detaillierte Tätigkeitsbeschreibungen. Sie können sich vorstellen, wie schwierig es ist, nach ein paar Tagen oder gar Wochen allgemeine Tätigkeitsbeschreibungen nachträglich detaillierter zu fassen. Wenngleich die Zeiterfassung lästig erscheint, sollten Sie Ihre Zeiten sorgfältig erfassen. Ihr Ausbilder wird Ihre Zeitaufschriebe spätestens bei der Abrechnung durchsehen. Rechtschreibfehler oder sonstige Tippfehler können so auch im Nachgang einen schlechten Eindruck hinterlassen.

Hier einige Bespiele für Tätigkeitsbeschreibungen:

Deutsch	Englisch
Recherche zu § 100 AktG	Research on sec. 100 AktG
Memo zu den gesetzlichen Pflichten eines Aufsichtsrats in der Aktiengesellschaft	Memorandum on the statutory duties of a member of the supervisory board in a German stock corporation
Entwurf des Due Diligence Berichts zum Immobilienrecht	Draft of due diligence report on real estate
Besprechung mit Mandanten zu Memo	Meeting with client for discussing the memorandum
Telefonkonferenz mit Anja Müller und Ralf Wagner zum Arbeitsvertrag	Conference call with Anja Mueller and Ralf Wagner on employment contract
Diskussion mit Dieter Meyer zum Entwurf des Mietvertrages	Discussion with Dieter Meyer on draft of lease agreement
Telefonat mit Sebastian Seidel zu Gutachten	Call with Sebastian Seidel on memorandum

6.7 – Recherche und Präsentation des Ergebnisses

Viele Ausbilder testen Ihre Praktikanten am Anfang gern mit einem Rechercheauftrag. Hier können Sie zum ersten Mal beweisen, dass Sie gut sind und ihr bisher gelerntes Wissen anwenden. Wenn Sie den Empfehlungen zur ersten Aufgabe oben gefolgt sind, haben Sie alle vom Ausbilder erhaltenen Informationen, insbesondere den Sachverhalt, die Frage(n) und die matter number auf einem Block notiert. In der Regel gibt Ihnen Ihr Ausbilder auch einen ersten Tipp, wo Sie suchen sollen und auf welche Punkte Sie achten müssen.

Zurück auf Ihrem Platz sollten Sie das Besprochene nochmals Revue passieren lassen; diesmal jedoch in umgekehrter Reihenfolge. Lesen Sie sich zunächst die Frage durch und gehen Sie dann erneut den Sachverhalt durch. Beginnen Sie nun mit der Recherche. Wenn Sie das juristische Problem bereits rechtlich einordnen können, lohnt es sich meistens die Recherche gleich in der Bibliothek zu beginnen. Hier haben Sie Kommentare und Zeitschriften griffbereit und können diese gleich kopieren. Sollten Sie das Thema noch nicht einordnen können, lohnt es sich zunächst über Beck-Online das rechtliche Problem zu identifizieren und die Recherche danach in der Bibliothek fortzusetzen.

Viele Praktikanten vertrauen bei Ihrer Recherche allein auf Onlinedienste wie Beck-Online, Juris und Google Books. Das ist bequem, weil man sich den Weg in die Bibliothek spart, sowie das mühsame Heraussuchen und Kopieren aus den Aufsätzen. Diese Bequemlichkeit hat aber viele Nachteile. Der wichtigste Nachteil ist dabei, dass Ihr Ausbilder diese schnelle Recherche höchstwahrscheinlich selbst durchgeführt hat und Sie daher keinen Mehrwert für Ihn schaffen, wenn Sie genau dieselbe Recherche anstellen. Ein weiterer Nachteil ist, dass eine Onlinerecherche immer auf die von Ihnen eingegebenen Suchbegriffe begrenzt ist. Ordnen Sie das rechtliche Problem falsch ein, werden Sie große Probleme haben, den richtigen Pfad zu finden. Denn anders als bei einem Buch, wo man ganz automatisch einen kurzen Blick auf die Seiten zuvor und die Seiten danach wirft, zeigt eine Onlinerecherche oft nur eine Randnummer an. Das tückische daran ist, dass die Randnummer auf Ihr Problem zu passen scheint. Schließlich enthält sie die Begriffe aus Ihrer Suchanfrage. Sollten die Randnummern danach aber Spezialfälle oder Ausnahmen regeln, entgeht Ihnen dies bei der Onlinerecherche schnell einmal. Das Risiko ist sehr hoch, dass das Ergebnis Ihrer Recherche ungenau oder gar falsch ist. Zudem sei angermerkt, dass viele Rechtsanwälte Kopien aus Büchern oder Zeitschriften bevorzugen, weil diese im Vergleich zu einem Ausdruck aus Beck-Online oder Juris oft besser lesbar und anständig zitierbar sind.

Der Weg in die Bibliothek bleibt Ihnen also nicht erspart. Nutzen Sie hier auch ganz gezielt Kommentare und Handbücher, die nicht auf Beck-Online zur Verfügung stehen. So schaffen Sie abermals einen Mehrwert für Ihren Ausbilder. Sie sollten es sich zudem zur Regel machen, pro Fußnote mindestens drei

Nachweise zu recherchieren. Manche Kommentare und Handbücher stellen Ihre Mindermeinung leider als einzige Meinung dar, obwohl sie eine Mindermeinung darstellen. Solchen Fallen können Sie nur entgehen, indem Sie weitere Fundstellen heraussuchen. Markieren Sie die relevanten Stellen ruhig mit einem Textmarker auf der Kopie der Fundstelle. Dies hilft Ihrem Ausbilder später die wesentlichen Passagen schnell zu finden und schafft wiederum einen Mehrwert.

Sollten Sie eine Recherche zu einem Thema erhalten haben, dass Ihnen vollkommen fremd ist, empfiehlt es sich zunächst nach einem Aufsatz zum Thema zu suchen. Ein Aufsatz mag ihr Problem nicht zu 100% lösen, er gibt aber oft einen guten ersten Überblick und liefert erste Fußnoten zur Vertiefung des Problems. Für diese erste Recherche können Sie sich ruhig Beck-Online bedienen, wo Sie die Trefferanzeige auf das entsprechende Rechtsgebiet und Zeitschriften reduzieren.

Sobald Sie das Gefühl haben, die Ihnen gestellte Frage beantworten zu können. Lassen Sie noch einmal den Sachverhalt Revue passieren und subsumieren Sie ihn auf Ihre Rechercheergebnisse. Es kann vorkommen, dass Sie bei dieser Übung feststellen, dass der Sachverhalt doch unter eine Sonder- oder Ausnahmeregelung fällt. Fragen Sie sich auch, ob das Ergebnis bei gesundem Menschenverstand tragbar ist. Falls Sie ein Störgefühl haben, gehen Sie diesem nach, um etwaige Zweifel auszuräumen. Sollte ein Punkt besonders schwierig oder unklar sein, nehmen Sie die Recherche noch einmal auf und versuchen Sie weitere Fundstellen zu finden. Die vorgenannte Übung ist wichtig, damit Sie Ihre Ergebnisse sicher und selbstbewusst Ihrem Ausbilder präsentieren können. Einige Punkte, bei denen Sie unsicher waren und die Sie nacharbeiten mussten, wird Ihr Ausbilder ebenfalls identifizieren. Hierauf können Sie sich vorbereiten und geschickt kontern, wenn Ihre Ergebnisse in Frage gestellt werden.

Dies führt uns unmittelbar zur Präsentation Ihrer Rechercheergebnisse, wobei wir im Folgenden davon ausgehen, dass Ihr Ausbilder Sie zunächst gebeten hat, mündlich zu berichten. Das sollte Sie dennoch nicht davon abhalten, dass Sie Ihre Darstellung der Lösung in Stichpunkten für sich selbst kurz festhalten. Das zwingt Sie Ihre Lösung zu strukturieren und hilft Ihnen vor Ort als Gedankenstütze. Ordnen Sie vorab auch die Kopien der Fundstellen, damit Sie auf Nachfrage die entsprechende Fundstelle schnell finden und Ihrem Ausbilder vorlegen können. Sie sollten Ihre mündliche Präsentation damit beginnen, die rechtliche Frage und den maßgeblichen (!) Sachverhalt in wenigen Sätzen wiederzugeben. Danach folgt Ihre rechtliche Analyse. Ist die Frage auf ein oder zwei wesentliche Probleme herunter zu brechen, lohnt es sich oft das Ergebnis voranzustellen und es dann zu begründen. Haben Sie dagegen mehrere Probleme identifiziert, sollten Sie der klassischen gutachterlichen Lösung treu bleiben und Ihren Ausbilder strukturiert durch Ihre Lösung führen, sich jedoch auf die wesentliche Aspekte fokussieren. Ihr Ausbilder wird während Ihres Vorträges Fragen stellen. Lassen Sie sich hiervon nicht verunsichern. Wenn Sie sich gut vorbereitet haben, werden Sie einen Teil der Fragen schon vorbereitet haben. Die anderen Fragen beantworten Sie nach bestem Wissen. Sollten Sie die Antwort auf eine Frage nicht kennen, ist das nicht schlimm. Geben Sie dies ruhig offen zu und bieten Sie an der Frage in einer anschließenden Recherche nachzugehen. Rechtsanwälte haften für Ihre Aussagen Ihren Mandanten gegenüber. Sie müssen daher sicher sein, dass Ihre Aussagen richtig sind. Das gleiche erwartet Ihr Ausbilder von Ihnen. Es ist daher kein Anzeichen von Schwäche einzugestehen, dass Sie einen Aspekt noch weiter recherchieren müssen.

Klassische Anfängerfehler von Praktikanten sind, dass Sie versuchen, besonders selbstsicher aufzutreten und dann pikiert sind, wenn Ihr Ausbilder Sie auf Fehler hinweist. Zeigen Sie sich hier offen und einsichtig. Es ist ganz normal, dass Sie als Praktikant noch nicht alles wissen und das wird von Ihnen auch gar nicht anders erwartet. Ein zu selbst sicheres Auftreten für falsche Lösungen wirkt sehr schnell arrogant. Ein weiterer klassischer Fehler ist, dass Praktikanten sich Ihre eigene Meinung zu einem juristischen Problem bilden und diese dann überbewerten. Das Problem ist dabei nicht, dass Sie sich selbst eine Meinung zu dem Problem gebildet haben. Ihre Meinung ist nur nicht zitierfähig und wird daher weder das Ergebnis, noch das Gutachten tragen können. Gesetze, Rechtsprechung, Kommentare und Aufsätze kann Ihr Ausbilder dagegen gegenüber dem Mandanten anführen. Ich erlebe es dennoch immer wieder, dass Praktikanten in diesem Punkt uneinsichtig sind und Ihre Argumentation allein auf Ihr Gefühl anstatt auf eine Literaturrecherche aufbauen. Sie sollten diese Bequemlichkeit auf jeden Fall ablegen, weil sie fast immer einen negativen Eindruck hinterlässt. Ein weiteres negatives Beispiel für diese Bequemlichkeit war ein "Gutachten" eines Praktikanten, das aneinander kopierte Ausschnitte aus Beck-Online enthielt. Der Praktikant hatte auch gleich die Formatierung in das Worddokument übernommen, so dass alle paar Zeilen Randnummern, die Autoren, Werbung oder sonstige Informationen standen. Die Arbeit war aber nicht nur aufgrund Ihrer Formatierung nicht verwendbar. Durch das Kopieren von nur einzelnen Passagen und Sätzen aus Beck-Online, die vollständig aus ihrem Kontext genommen waren, war teilweise nicht ersichtlich aus welchen Kommentaren oder Aufsätzen die Zitate stammen, so dass ich mit der Recherche noch einmal von Vorn beginnen musste.

Sofern Sie nicht schon viele Anmerkungen und Kommentare von Ihrem Ausbilder zu Ihrer Recherche und Ihrem Vortrag erhalten haben, sollten Sie unbedingt nach Feedback fragen. Was ist gut gelaufen und – das ist noch viel wichtiger – was können Sie noch besser machen. Viele Rechtsanwälte vergessen Feedback zu geben. Das mag zwar auf den ersten Blick angenehm sein, denn wer hört schon gern Kritik über sich. Ohne Kritik werden Sie sich aber nicht weiterentwickeln können. Kritik ist daher ganz wesentlich für Ihre persönliche Entwicklung und Ihr Fortkommen.

6.8 – Schreiben eines Gutachtens oder "Memos"

In Gutachten und Memos legen Sie die Ergebnisse Ihrer Recherche schriftlich nieder. Die große Kunst besteht darin, in der Regel sehr komplizierte Sachverhalte und noch kompliziertere juristische Probleme möglichst einfach, kurz und leicht verständlich wiederzugeben. Ein Gutachten oder Memo (bzw. Memorandum im Englischen) ist dabei sehr oft wie folgt aufgebaut:

I.   Sachverhalt / Facts

II.   Frage / Question

III. Zusammenfassung / Executive Summary

IV.   Rechtliche Würdigung / Legal Analysis

Die genaue Bezeichnung der Titel ist Geschmackssache und Sie sollten Ihren Ausbilder fragen, ob er mit der oben genannten Gliederung einverstanden ist oder andere Überschriften bevorzugt. Unabhängig von der Bezeichnung ist der Aufbau eines Gutachtens aber fast immer identisch. Sollten Sie sich fragen, was ein Gutachten von einem Memo unterscheidet, ist dies wiederum eine Frage des Geschmacks. Die Bezeichnung Memo wird oft für interne Gutachten benutzt, die etwa ein Praktikant seinem Ausbilder schreibt und nicht unmittelbar an den Mandanten herausgeschickt werden. Ferner wird der Begriff oft für Kurzgutachten genutzt, deren Umfang schlichtweg zu kurz ist, als dass man von einem Gutachten sprechen könnte. Der Begriff Memo hat zudem den Vorteil, dass er auch eine Übersicht zu allgemeinen Themen, etwa kurzen wirtschaftlichen Recherchen, enthalten kann. Einige Rechtsanwälte bevorzugen den Begriff des Memos auch deshalb, weil er weniger haftungsrelevant klingt. Während man erwarten würde, dass ein Gutachten ein Ergebnis zu einer schwierigen juristischen Frage liefert, darf ein Memo gern einen Zwischenstand der Recherche wiedergeben, der nicht abschließend ist.

Zu I. Sachverhalt / Facts:

Unter diesem Titel geben Sie den Sachverhalt wieder, wie Sie ihn während Ihres Gespräches mit Ihrem Ausbilder notiert haben. Ihre Darstellung sollte so kurz wie möglich und so ausführlich wie notwendig sein. Nutzen Sie kurze Sätze und möglichst kein juristisches Fachvokabular. Die Kunst besteht darin, alle für die Falllösung unwesentlichen Aspekte auszulassen. Sie sollten den Sachverhalt auch nutzen, um Abkürzungen für Wörter oder Wortgruppen zu definieren, die Sie in der rechtlichen Analyse sehr oft nutzen werden. Lange Gesellschaftsnamen oder Vertragsbezeichnungen sind klassische Wortgruppen, die Sie abkürzen sollten. So wird aus der Mustermann GmbH etwa die "M GmbH" oder auch nur "M". Ein Aktienkaufvertrag über den Kauf von 1000 Aktien von Reifen GmbH durch die Seifen GmbH können Sie als "Aktienkaufvertrag" abkürzen. Die Abkürzung machen Sie kenntlich indem Sie hinter der langen Wortgruppe in runden

Klammern und in Anführungszeichen und der Formatierung fett die Abkürzung schreiben.

Beispiel: Müller Reifen Sofortreparatur GmbH (**"MRS"**)

Sie sollten den Sachverhalt stets damit beginnen zunächst die involvierten Unternehmen und deren Beziehung (etwa A ist Gesellschafter von B oder A und B sind Wettbewerber) vorzustellen. Danach können Sie den Sachverhalt chronologisch wiedergeben. Sie sollten den Sachverhalt neutral darstellen, ohne ihn zu bewerten.

Zu II. Frage / Question

Halten Sie sich hier ganz kurz und geben Sie wirklich nur die Frage wieder, wie Sie sie im Gespräch mit Ihrem Ausbilder notiert haben.

Beispiel: Wir wurden gebeten zu untersuchen, ob dem Aktionär einer Aktiengesellschaft ein Anspruch auf Schadenersatz wegen Einziehung seiner Aktien zusteht.

Sollten Sie mehrere Fragen haben, nummerieren Sie die Fragen.

Beispiel: Sie baten uns folgende Fragen zu untersuchen:
1. Steht der A-GmbH ein Kündigungsrecht zu?
2. Kann die B-GmbH im Fall der Kündigung durch die A-GmbH von dieser Schadenersatz verlangen?

Zu III. Zusammenfassung / Executive Summary

Die Zusammenfassung gibt kurz und prägnant Ihre Lösung der Frage wieder. Die Zusammenfassung ist oft im Urteilsstil aufgebaut, das heißt Sie stellen die Antwort voran und begründen Sie dann in wenigen Sätzen, wobei Sie sich auf das oder die überzeugendsten Argumente beschränken. Diese auf den Punkt gebrachte Zusammenfassung ist der schwierigste Teil des Gutachtens und lässt sich erst schreiben, wenn Sie den Fall mit allen seinen Problemen und seinen Lösungen vollständig durchdrungen haben. Sie sollten die Zusammenfassung daher erst am Ende, also nach der rechtlichen Analyse schreiben. Das gilt auch dann, wenn Sie nach Ihrer Literaturrecherche das Ergebnis bereits kennen.

Beispiel: A ist nicht Gesellschafter der B-GmbH durch Abschluss des Kaufvertrages geworden, weil der Kaufvertrag nicht notariell beurkundet wurde. Der Kaufvertrag ist wegen eines Formverstoßes nichtig. Nach § 15 GmbH muss ein Kaufvertrag über den Erwerb von Geschäftsanteilen an einer GmbH notariell beurkundet werden, um wirksam zu sein.

Zu IV. Rechtliche Würdigung / Legal Analysis

Der letzte Punkt Ihres Gutachtens stellt den wesentlichen Teil des Gutachtens dar. Hier analysieren Sie den Sachverhalt und wenden Ihr an der Universität erlerntes juristisches Wissen an. Der Titel dieses letzten Punktes ist Geschmackssache und jede Kanzlei, teilweise auch jeder Partner, bevorzugt eine andere Bezeichnung. Besonders häufig werden neben der "Rechtlichen Würdigung" die zwei Bezeichnungen "Rechtliche Analyse" oder "Rechtliche Stellungnahme" verwendet.

Bei der rechtlichen Würdigung der Ihnen gestellten Fragen wenden Sie den Gutachtenstil an, wie Sie es an der Universität gelernt haben. Bei Analysen die über mehrere Seiten gehen, sollten Sie Unterüberschriften bilden, um den Leser durch Ihre Argumentation zu führen. Grundsätzlich enthält allein die rechtliche Würdigung Fußnoten. Sollte die rechtliche Analyse sehr lang sein, empfiehlt es sich Zwischenergebnisse zu formulieren.

Ein typischer Anfängerfehler bei Gutachten ist, dass der Praktikant viel Zeit für die Recherche aufgebracht hat, der Anfang des Gutachtens noch ganz gut lief, aber die letzten Seiten, insbesondere die zuletzt verfasste Zusammenfassung, dann doch eher eine Qual war und der Praktikant, sobald die letzten Zeilen geschrieben sind, das Gutachten sofort an den Ausbilder schickt, um sich von dieser Qual zu lösen. Dieser Freiheitsschlag hält meistens nur kurze Zeit an und schlägt dann zu recht in Ärger gegen sich selbst um. Ihr Ausbilder merkt nämlich sofort, ob Sie Ihr Gutachten noch einmal Korrektur gelesen haben oder nicht. Quälen Sie sich daher unbedingt dazu, Ihr Gutachten, gern auch mit dem Abstand einer kurzen Kaffeepause, Korrektur zu lesen, bevor Sie es an Ihren Ausbilder schicken. Sie werden beim Korrekturlesen sehen, dass Sie nicht nur einige Tippfehler, krumme Sätze und unvollständige Passagen finden, sondern auch den ein oder anderen Fehler von Word's automatischer Rechtschreibkorrektur oder der automatischen Formatierung überhaupt erst mitbekommen. Wenn Sie schon viel Zeit in die Recherche investieren, sollten Sie sich diese Zeit auch bis zum Ende nehmen, um ein anständiges Produkt abzugeben. Ihr Ausbilder sieht im Fall eines Gutachtens nicht wie gut Sie recherchiert haben. Er wird Sie allein an dem Gutachten messen, dessen Aussehen samt Formatierung Ihm als erstes ins Auge sticht. Diesem Aspekt kommt noch größere Bedeutung aus Mandantensicht zu, denn der Mandant, sei es etwa ein Geschäftsführer oder ein Vorstand, kann in der Regel nicht beurteilen, ob die rechtliche Analyse stimmt oder falsch ist. Er sieht aber sehr wohl, ob die Arbeit anständig formatiert und frei von Rechtschreibfehlern ist. Schenken Sie daher auch diesen angeblichen Nebenaspekten Ihres Gutachtens ausreichend Aufmerksamkeit.

6.9 – Unterstützung bei der Due Diligence

Eine due diligence, auch oft kurz als "DD" abgekürzt, bezeichnet die Prüfung von allen möglichen Unterlagen, insbesondere Verträgen, eines Unternehmens, das verkauft werden soll oder Gegenstand einer vergleichbaren Transaktion ist. Die Geschäftsführung des kaufenden Unternehmens ist qua Gesetz verpflichtet, eine solche Unternehmensprüfung vor der Unterzeichnung des Kaufvertrages (Sale and Purchase Agreements, oft als "SPA" abgekürzt) durchzuführen. Von solchen Unternehmenstransaktionen, oft als "Mergers and Acquisitions" bezeichnet und als "M&A" abgekürzt, leben die meisten Großkanzleien. Unternehmenstransaktionen bieten Arbeit für alle Rechtsbereiche der Kanzlei, so prüfen die Gesellschaftsrechtler etwa Risiken in Verbindung mit der Gründung der zu verkaufenden Gesellschaft sowie alle vorherigen Anteilsübertragungen, die Arbeitsrechtler prüfen Arbeitsverträge, Tarifverträge und die damit verbundenen entgeltlichen Leistungspflichten des Unternehmens, die Öffentlichrechtler untersuchen die für den Betrieb benötigten Genehmigungen, usw. Aus dem vorgesagten ergibt sich bereits, dass eine Unternehmenstransaktion eine große Anzahl von Rechtsanwälten beschäftigt und damit für Großkanzleien besonders attraktiv und lukrativ ist.

Früher wurden Dokumente, die im Rahmen der Due Diligence offengelegt wurden, in einem physischen Datenraum, etwa in einem Anwaltsbüro oder einem Hotelzimmer für die Berater des Käufers zur Prüfung bereitgestellt. Heute sind solche sogenannten physischen Datenräume fast vollständig von Onlinedatenräumen abgelöst worden. Ein Onlinedatenraum ist eine Webseite, deren internen Bereich Sie nur mit personalisierten Zugangsdaten betreten dürfen, wo Sie sich die Dokumente zum Unternehmen anzeigen lassen können. Die Dokumente können oft nicht abgespeichert oder ausgedruckt werden. Sie müssen daher jedes Dokument am Bildschirm durchsehen.

Zu Unrecht wird die due diligence von vielen Praktikanten, Referendaren und jungen Associates als mühsames Klicken durch den Datenraum schlecht geredet. Mühsam ist eine due diligence zwar, sie ist aber auch sehr lehrreich. Wann sonst haben Sie die Möglichkeit einen so persönlichen Einblick in ein Unternehmen zu erhalten und von Kopf bis Fuß zu durchleuchten? Viele der hier ausgestellten Verträge sind streng geheim und sonst nur von einer kleinen Anzahl von Leuten im Unternehmen einsehbar. Sehen Sie es daher eher als Glück und Privileg an, an einer due diligence mitarbeiten zu dürfen und lernen Sie anhand der ausgestellten Dokumente, wie Verträge in der entsprechenden Branche gegliedert und aufgebaut sind.

Praktikanten führen bei der due diligence in der Regel nicht unmittelbar die Vertragsprüfung durch, sondern erfassen vielmehr die wirtschaftlichen Daten aus den Verträgen. Die Daten werden dann in einer Tabelle oder sonstigen Übersicht erfasst, die dem sogenannten Due Diligence Bericht, der von den Rechtsanwälten für den Mandanten erstellt wird, als Anlage angehangen wird. Sie täuschen sich, wenn Sie die tabellarisch erfassten Daten als unwichtig und Ihre Tätigkeit als pure Fleißarbeit einstufen. Die wirtschaftlichen Daten sind für den Mandanten meist am spannendsten und werden daher als Abwechslung zu den langweiligen juristischen Problemen von den Mandanten gern durchleuchtet. In einigen Fällen dienen die Tabellen sogar als Grundlage für die Kalkulation des Kaufpreises. Sie sollten daher mit sehr großer Aufmerksamkeit, die Daten erfassen und stets nochmals prüfen. Stichprobenartige Kontrollen decken leider immer wieder Fehler von Praktikanten bei der Erfassung der Daten auf, weil Sie Ihre Aufgabe unterschätzt haben, so dass die Arbeit erneut erledigt werden muss. Eine Null mehr oder weniger entscheidet bei solchen Kennzahlen oft darüber, ob der Kaufpreis sich am Ende im Millionen- oder Milliardenbereich befindet. Für Ihren Fehler haftet dann die Kanzlei in Höhe der Differenz zur richtigen Kaufpreissumme. Bei einer hohen Summe kann das die Existenz der Kanzlei gefährden.

6.10 – Unterstützung bei einem Pitch

Ein sogenannter "Pitch" bezeichnet die schriftliche Bewerbungsunterlage, mit der eine Großkanzlei sich bei einem potentiellen Mandanten um ein Mandat bewirbt. Es handelt sich entweder um ein Word Dokumente oder eine Power Point Präsentation, in der die Großkanzlei vorgestellt wird, die Vita und Erfolge des sich bewerbenden Teams angepriesen werden und eine Beschreibung der Herangehensweise an das Mandat sowie erste Lösungsansätze präsentiert werden. Am wesentlichsten ist meist jedoch die ebenfalls im Pitch enthaltene Kostenschätzung, die auf einer Schätzung basierend auf Auskünften des potentiellen Mandanten und Daten aus öffentlichen Quellen beruht. Ihre Aufgabe wird es in der Regel sein, diese öffentlichen Quellen durch eine Internetrecherche anzuzapfen und die wesentlichen wirtschaftlichen Daten zusammenzutragen.

Bei einer Recherche zu einem Pitch sollten Sie zunächst den Webauftritt des betroffenen Unternehmens auf Informationen durchsuchen. Mit etwas Glück finden Sie weitere Informationen durch eine Suche bei Google. Besonders nützlich ist hier die Google News Suche, mit der Sie Beiträge aus Zeitungen und Zeitschriften durchsuchen können. Aktuelle Berichte zur wirtschaftlichen Lage des Unternehmens sind oft sehr aufschlussreich und hilfreich bei der Vorbereitung. Unter www.handelsregister.de und www.unternehmensregister.de haben Sie die Möglichkeit weitere Informationen zum Unternehmen, etwa der Identität der Gesellschafter und der Geschäftsführern, abzurufen. Den unter den vorgenannten Quellen ebenfalls abrufbaren Jahresabschluss des Unternehmens sollten Sie ebenfalls durchsehen. Er enthält die wesentlichen Kennzahlen des Unternehmens, wie etwa die Anzahl der Arbeitnehmer und die Umsatzzahlen.

6.11 – Kopieren und sonstige eintönige Aufgaben

Es kann vorkommen, dass Sie auch eintönige Aufgaben erledigen müssen, etwa Kopierarbeiten. Das geht jedoch nicht nur Ihnen so, sondern auch den Rechtsanwälten, einschließlich Ihrem Ausbilder. Wir alle müssen manchmal Dinge erledigen, für die wir uns überqualifiziert fühlen. Wichtig ist es, die richtige Balance zu finden. Sollten Sie daher ausschließlich für Kopierarbeiten eingesetzt werden, sprechen Sie darüber mit Ihrem Ausbilder.

Das gefährliche an eintönigen Arbeiten ist, dass Sie dazu verleiten, unvorsichtig zu sein und Fehler zu machen. Betrachtet man die Situation einmal genau, sind sehr viele Tätigkeiten gar nicht so trivial wie sie anfangs erscheinen und erfordern sogar den Einsatz einer juristischen Fachkraft. Stellen Sie sich etwa vor Ihr Ausbilder würde einen Nichtjuristen bitten "BB 2010, 512" zu kopieren. Während sich Ihnen unmittelbar erschließt, dass es sich um einen Artikel aus der Zeitschrift der Betriebs-Berater aus dem Jahr 2010 auf Seite 512 handelt, wird ein Nichtjurist ohne Hilfe wahrscheinlich nicht weiter kommen. Versuchen Sie bei den Kopien auch mit der gleichen Sorgfalt vorzugehen, wie Sie es bei einem Gutachten tun würden. Schlechte oder gar unleserliche Kopien sollten Sie aussortieren und durch neue ersetzen.

Wenn Sie mehr wollen als nur kopieren, liefern Sie die Kopien bei Ihrem Ausbilder ab und fragen Sie, ob Sie die Kopien auf bestimmte Probleme durchsehen sollen und die entsprechenden Passagen mit einem Marker markieren, um Ihn bei der Recherche zu unterstützen. Viele eintönige Arbeiten sind die Vorbereitung für spannendere Aufgaben, für die Sie sich bei Ihrem Ausbilder bewerben sollten. Das erfordert aber meistens eine gute Vorarbeit. Warum sollte Ihr Ausbilder Ihnen mehr als Kopieren zutrauen, wenn Sie nicht einmal Kopieraufträge anständig abarbeiten können?

Abschließend noch ein extremes Negativbeispiel aus der Praxis: Ein Praktikant einer renommierten Jurauniversität sollte uns bei der Erstellung einer Klage helfen. Kurz vor Abgabe der Klage ging es darum den Schriftsatz und sämtliche Anlagen für das Gericht und Abschriften (also Kopien) für alle Beklagte zu erstellen. Von der Sekretärin bis zum Partner halfen alle beim Kopieren der mehrere Umzugskisten füllenden Dokumente mit. Unser Praktikant hatte den Auftrag erhalten, ebenfalls einen Teil der Kopien zu erstellen. Mehrere Stunden später, kurz bevor der Bote kam, um die Sendungen abzuholen, sammelte ein Rechtsanwalt alle Kopien ein und fügte sie zu vollständigen Schriftsätzen zusammen. Als er auf den Praktikanten traf, erklärte letzterer er hätte die Kopien nicht erstellt, weil die Kopiertätigkeit unter seinem Niveau läge. Der Praktikant hatte sich damit nicht nur so unbeliebt gemacht, dass der Partner, der ebenfalls mit am Kopierer gestanden hatte, sein Praktikum mit sofortiger Wirkung beendete, sondern auch das Mandat gefährdet, weil ein Teil eines Schriftsatzes kurz vor Fristende unvollständig war.

6.12 – Umgang mit Sekretärinnen und anderem Personal

Es ist eigentlich eine Selbstverständlichkeit, dass Sie freundlich und höflich zu dem Personal in der Kanzlei, insbesondere den Sekretärinnen in Ihrem Bereich, sind. Dennoch treten Praktikanten immer wieder arrogant gegenüber Sekretärinnen mit deutlich mehr Lebenserfahrung und sehr oft auch einer exzellenten Ausbildung auf. Sie würden überrascht sein, wenn Sie wüssten, dass einige Sekretärinnen ihr universitäres Studium sehr erfolgreich abgeschlossen haben und/oder sehr viel Auslandserfahrung mitbringen. Schließlich sei noch angemerkt, dass es in fast allen Großkanzleien absolut unüblich ist, dass die Sekretärin dem Partner oder gar den Rechtsanwälten morgens den Kaffee in das Büro bringt.

7 – Letzter Arbeitstag

Dieses Kapital sollten Sie nicht erst lesen, wenn der letzte Arbeitstag bevorsteht. Ihr Zeugnis und Ihre Praktikumsbescheinigung sollten Sie vielmehr frühzeitig vorbereiten, damit am letzten Arbeitstag alle notwendigen Informationen vorliegen. Selbstverständlich können Sie viele Informationen auch nachreichen. Das verzögert die Erstellung Ihres Zeugnisses aber oft erheblich und mit der Zeit verblasst bei Ihrem Ausbilder auch zunehmend die Erinnerung an Ihre besten Leistungen während des Praktikums.

7.1 – Administratives

Sollten Sie einen Kanzleiordner mit Informationsmaterial am ersten Arbeitstag erhalten haben, sehen Sie nach, ob er einen Laufzettel für den letzten Tag enthält. Solche Laufzettel enthalten oft mehrere Abschnitte, die von den jeweiligen Abteilungen (IT, HR, Bibliothek, etc.) abgezeichnet werden müssen. Bei der Lohnabteilung müssen Sie sich etwa wieder abmelden, bei der IT ihr IT Equipment zurückgeben und/oder Ihren Account abmelden lassen und die Bibliothek bescheinigt Ihnen, dass Sie am letzten Tag alle ausgeliehenen Bücher zurückgegeben haben.

Sollten Sie keinen Kanzleiordner erhalten haben, erkundigen Sie sich bei der HR Abteilung und bei Ihrem Ausbilder in der letzten Woche, was Sie bis zum letzten Tag erledigen müssen.

Denken Sie immer daran, dass der letzte Arbeitstag meist auf einen Freitag fällt, wo das administrative Personal sehr oft etwas früher geht. Sie sollten Ihren Laufzettel daher frühzeitig abarbeiten, damit Sie gegen 17 Uhr nicht vor verschlossenen Türen stehen und Ihrem Ausbilder bitten müssen, den Laufzettel für Sie abzuarbeiten.

7.2 – Verabschiedung

Hören Sie sich frühzeitig bei den Kollegen aus der Abteilung um, ob es eine Tradition für Abschiede gibt. In einigen Abteilungen ist es üblich, dass Praktikanten einen Kuchen mitbringen. In anderen Abteilungen lädt der Partner den Praktikanten zum Mittagessen in ein gutes Restaurant ein und wieder in anderen Bereichen verstreicht der letzte Arbeitstag wie jeder der Tage zuvor. Im Grunde haben Sie es selbst in der Hand, noch einmal Einfluss darauf zu nehmen, wie man sich an Sie erinnern soll. Waren Sie von dem Praktikum begeistert und wollen auf jeden Fall Kontakt halten, feiern Sie Ihren Abschied. Ansonsten ist es nicht falsch, ein Dankeschön von der Kanzlei für Ihren fleißigen Einsatz in den letzten Wochen zu erwarten. Viele Kanzleien werden dieser Erwartung auch mit einer kleinen Aufmerksamkeit gerecht.

Bevor Sie am letzten Tag die Kanzlei verlassen, sollten Sie noch einmal eine Runde in Ihrer Abteilung drehen und sich von allen verabschieden. Viele Praktikanten versenden Ihre privaten Kontaktdaten auch in einer Dankes-E-Mail an die Kollegen in der Abteilung oder an alle Kollegen am Standort. Über den Standort hinaus sollten Sie allenfalls spezifisch die Leute mit auf den Verteiler aufnehmen, die Sie auch wirklich kennengelernt haben. An den anderen Standorten würde Ihre Nachricht sonst als lästiger Spam aufgefasst, was manche Partner auch zum Anlass nehmen, sich bei dem für Sie zuständigen Partner zu beschweren. Schränken Sie daher den Verteilerkreis soweit ein, dass wirklich nur die Personen von Ihnen eine E-Mail erhalten, die Sie auch wirklich kennengelernt haben.

7.3 – Zeugnis und Praktikumsbescheinigung

Sollten Sie meiner Empfehlung zum ersten Arbeitstag gefolgt sein, haben Sie mit Ihrem Ausbilder bereits zu Anfang besprochen, ob und in welcher Form Sie eine Übersicht Ihrer Tätigkeiten erstellen sollen. Diese Liste sollte am letzten Arbeitstag vollständig sein, so dass Sie sie an Ihren Ausbilder schicken können. Ihr Ausbilder wird sich einige wenige und aus seiner Sicht wichtige Tätigkeiten aussuchen und diese in Ihr Zeugnis mitaufnehmen. Sollten Sie Interesse daran haben, dass bestimmte Aufgaben in Ihrem Zeugnis genannt werden, sollten Sie diese für Ihn markieren. Das ist insbesondere dann wichtig, wenn Sie während des Praktikums entdeckt haben, dass Ihnen ein Rechtsgebiet besonders gut liegt und Sie daher diese Spezialisierung auf jeden Fall mitaufnehmen wollen.

Viele Praktikanten benötigen zudem eine Praktikumsbescheinigung in einem besonderen Format, die Sie als Nachweis dem Prüfungsamt vorlegen müssen. In diesem Fall sollten Sie eine solche Bescheinigung selbst vorbereiten und Ihren Ausbilder ebenfalls schicken. Dazu gehört meistens auch eine Liste aller Aufgaben, die Sie während Ihres Praktikums erledigt haben. Sie können hier auf Ihre Tätigkeitsliste zurückgreifen, sollten diese jedoch im Hinblick auf empfindliche Mandate, also letztlich alle Mandate, die nicht in der Presse stehen, anonymisieren. Aus RWE wird so etwa "ein großer Energiekonzern".

8 – Schlusswort

Dieser Ratgeber ist bewusst lang genug gehalten, um Ihnen einen ersten Eindruck zu vermitteln, aber auch so kurz, dass Sie ihn ohne großen Zeitaufwand vor dem Praktikum einmal durchlesen können. Ich habe ganz bewusst darauf verzichtet, weitere Ausführungen zur Form des Lebenslaufes oder dem Anschreiben zu machen. Hierfür gibt es spezialisierte Bewerbungsbücher. Es sei Ihnen jedoch versichert, dass Großkanzleien es für weniger wichtig halten, dass Ihr Lebenslauf den aktuellen Formvorschriften entspricht, als dass er verständlich strukturiert und fehlerfrei ist.

Sollten Sie nach Ihrem Praktikum feststellen, dass Ihnen dieser Ratgeber geholfen hat oder Sie einen bestimmten Aspekt vermissen, bin ich für Feedback sehr dankbar. Meine Kontaktdaten finden Sie im Vorwort zu diesem Buch.

Ich wünsche Ihnen viel Spaß bei Ihrem Praktikum in der Großkanzlei. Seien Sie offen für die Ihnen zugetragenen Arbeit und tauchen Sie in die Arbeitswelt der Großkanzlei ein, um zu verstehen, warum so viele exzellente Juristen es Tag für Tag genießen, in einer Großkanzlei zu arbeiten. Wo sonst arbeiten so viele Persönlichkeiten zusammen, die eine ausgezeichnete Bildung und viel Auslandserfahrung vorweisen können, die jeden von Ihnen zu sehr spannenden Gesprächspartnern macht.

Anhang A – Übersicht zu den größten Rechtsanwalts-kanzleien in Deutschland

Kanzlei	Anzahl aller Rechtsanwälte		Standorte in Deutschland
	Deutschland	Ausland	
CMS Hasche Sigle	> 500	< 100	Berlin, Düsseldorf, Frankfurt a.M., Hamburg, Köln, Leipzig, München, Stuttgart
Freshfields Bruckhaus Deringer	> 500	> 1000	Berlin, Düsseldorf, Frankfurt a.M., Hamburg, Köln, München
Clifford Chance	> 300	> 2000	Düsseldorf, Frankfurt a.M., München
Taylor Wessing	> 300	> 500	Berlin, Düsseldorf, Frankfurt a.M., Hamburg, München
Hogan Lovells	> 300	> 2000	Düsseldorf, Frankfurt a.M., Hamburg, München
Noerr	> 300	< 100	Berlin, Dresden, Düsseldorf, Frankfurt a.M., München
Gleiss Lutz	> 300	< 100	Berlin, Düsseldorf, Hamburg, Frankfurt a.M., Stuttgart
Luther	> 200	< 100	11 Standorte
Heuking Kühn Lüer Wojtek	> 200	< 100	Berlin, Chemnitz, Düsseldorf, Frankfurt a.M., Hamburg, Köln, München
Linklaters	> 200	> 2000	Berlin, Düsseldorf, Frankfurt a.M., München
Görg	> 200	–	Berlin, Essen, Frankfurt a.M., Hamburg, Köln, München
White & Case	> 200	> 1000	Berlin, Düsseldorf, Frankfurt a.M., Hamburg, München

Anhang A

| Kanzlei | Anzahl aller Rechtsanwälte | | Standorte in Deutschland |
	Deutschland	Ausland	
Hengeler Mueller	> 200	< 100	Berlin, Düsseldorf, Frankfurt a.M., München
Beiten Burkhardt	> 200	< 100	Berlin, Düsseldorf, Frankfurt a.M., München, Nürnberg
Allen & Overy	> 200	> 2000	Düsseldorf, Frankfurt a.M., Hamburg, Mannheim, München
KPMG Law	> 200	–	15 Standorte
Baker & McKenzie	> 200	> 3000	Berlin, Düsseldorf, Frankfurt a.M., München
PricewaterhouseCoopers Legal	> 150	> 2000	28 Standorte
Bird & Bird	> 150	> 500	Düsseldorf, Frankfurt a.M., Hamburg, München
Becker Büttner Held	> 150	< 100	Berlin, Hamburg, Köln, München, Stuttgart
DLA Piper	> 150	> 4000	Berlin, Frankfurt a.M., Hamburg, Köln, München
Latham & Watkins	> 150	ca. 2000	Düsseldorf, Frankfurt a.M., Hamburg, München

Quelle: Internetauftritte der Kanzleien sowie Juve Handbuch 2014/2015, abrufbar unter www.juve.de

Anhang B – Übersicht zu Kanzleien mit speziellen Praktikumsprogrammen

Kanzlei	Beschreibung
Allen & Overy	Standort: alle Standorte (siehe Anhang A) Dauer: 4 bis 12 Wochen Berwerbungsfrist: fortlaufend Link: http://www.de.aograduate.com/internships.html
Baker & McKenzie	Standort: alle (siehe Anhang A) Dauer: individuell vereinbar Bewerbungsfrist: fortlaufend Link: http://www.bakermckenzie.com/de-DE/germany/interns/
Gleiss Lutz	Standort: alle (siehe Anhang A) Dauer: 4 bis 6 Wochen Bewerbungsfrist: siehe Website Link: http://www.gleisslutz.com/karriere/stellenangebote/praktikantenprogramm/
Hengeler Müller	Standort: alle (Sommerpraktikum), Düsseldorf und Frankfurt (Frühjahrspraktikum) Dauer: 4 Wochen (Frühjahr), 6 Wochen (Sommer) Bewerbungsfrist: 7. Dezember (Frühjahr), 15. April (Sommer) Links: http://www.hengeler.com/karriere/praktikanten/fruehjahrspraktikum/ http://www.hengeler.com/karriere/praktikanten/sommerpraktikum/
Milbank	Standort: München Dauer: 4 Wochen (31. August bis 25. September 2015) Bewerbungsfrist: 31. März Link: http://www.milbank.com/careers/laterals/milbank-around-the-world/germany/sommerpraktikum-summer-milbank.html
Oppenhoff & Partner	Standort: Köln Dauer: 6 Wochen (17. August bis 25. September 2015) Bewerbungsfrist: so früh wie möglich Link: http://www.oppenhoff.eu/de/karriere/praktikanten/einstieg.html

www.ingramcontent.com/pod-product-compliance
Lightning Source LLC
Chambersburg PA
CBHW071011180526
45168CB00003B/1370